AF444184

PosData
a la Generación *Beat*

Juan Arabia

buenosaires
poetry

PosData
a la Generación *Beat*

Juan Arabia

Arabia, Juan
PosData a la Generación Beat : y otros ensayos .
1a ed. - Ciudad Autónoma de Buenos Aires :
el autor, 2014.
108 p. ; 15x22 cm.
ISBN 978-987-33-5484-7
1. Crítica Literaria. I. Título
CDD 801.95

Diseño de portada e interiores:
© Camila Evia, Doppelgänger I

ä

Para sugerencias o comentarios acerca
del contenido de esta obra, escríbanos a:
www.buenosairespoetry.com

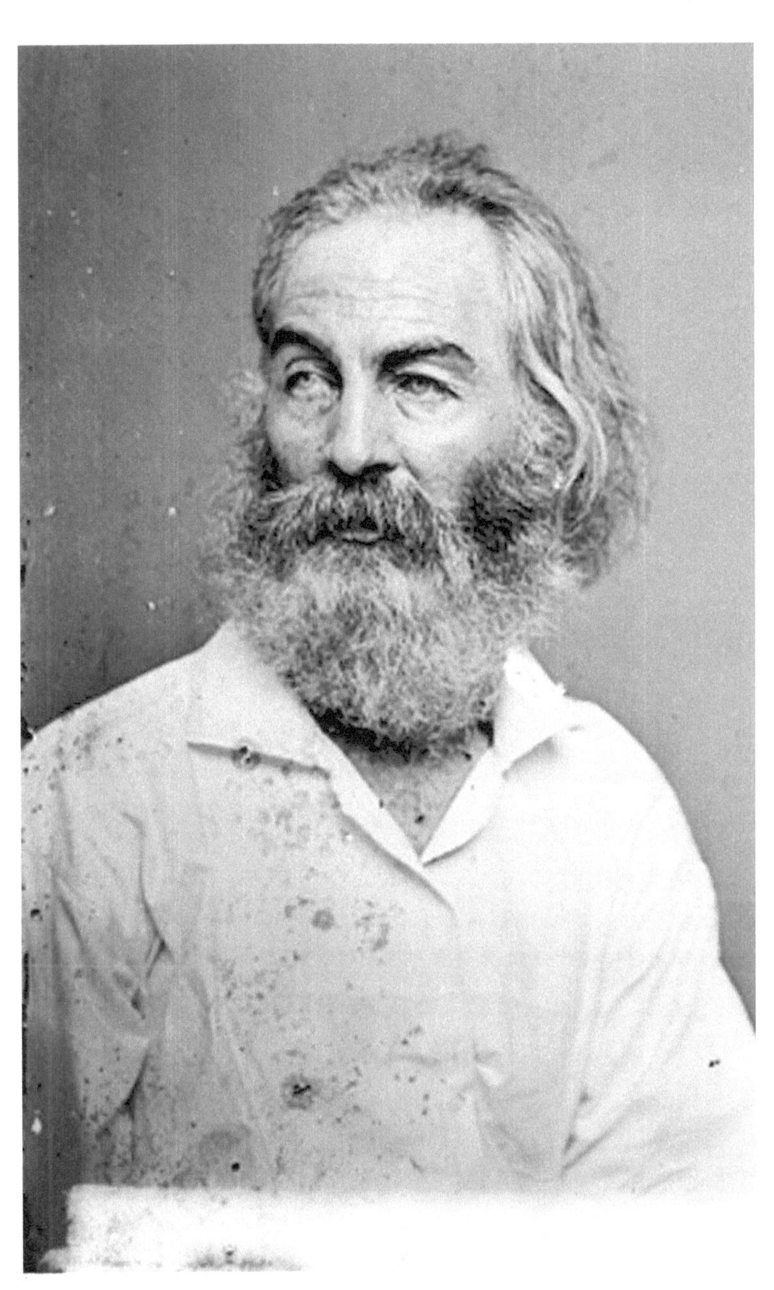

*** ***

Este libro presenta, de alguna forma, ensayos sobre los escritores fundamentales que le dieron carácter al movimiento contracultural norteamericano. Cada uno de ellos, a su manera, denunció la hipocresía de un sueño imaginado por una sociedad cercada sobre sí misma. Quizá Walt Whitman fue el único que encontró, en épocas remotas, *hojas de hierba* en caminos nunca antes transitados.

Por eso mismo, la inclusión del apartado sobre el *ruiseñor* de Samuel Taylor Coleridge no tiene por qué resultar azarosa. Este poeta inglés, junto con William Blake y otros tantos, fue uno de los precursores en cuanto a esclarecer el proceso específico de dominación: el de una racionalidad sistémica, científica o «civilizada». Y al igual que John Fante, Jack Kerouac y Jerome David Salinger, Coleridge fue un bárbaro con espíritu infantil.

La pérdida, para todos ellos, es una *constante*: el sueño es irrealizable, el crecimiento inevitable, el control acecha y corroe en las fábricas, en las escuelas, en las universidades.

Todos ellos, además, escribieron para ser leídos y comprendidos… Porque a pesar de todo abrazaron a su época y a su gente. Entendieron, rápidamente, que el cambio de una forma de pensar sólo es posible a través de una decisión que se hace visible en la experiencia.

Quizá Carlyle, en *De los héroes y sobre su culto…*, se confundió al hablar sobre la pérdida de la figura heroica de los poetas. O malentendió su destino: aun hoy, hay batallas que se despliegan a pesar de la evidente victoria del enemigo. De no haber sido de esta forma, no entenderíamos por qué la obra de John Fante inquietó a tantos editores, siendo primero silenciada y sólo reproducida en el exilio del momento de su producción; del mismo modo que no entenderíamos el específico y prolongado trabajo ideológico que se ejerció sobre los *Beats*.

Señalar el peligro es la forma más evidente de reconocer una debilidad. El alejamiento de ciertos valores ortodoxos, o emergencias culturales específicas, mantiene en vida y en continuo oleaje a las formaciones y las instituciones que trabajan sólo en la apariencia «legítima» o «posible» de lo real.

Sin embargo, este libro se presenta como una *PosData*, una que incluye no sólo la relectura de ciertos temas, tópicos y autores. Incluye, en ese sentido, un comentario aislado para recordar a los héroes de nuestros tiempos. Es una plegaria, una despedida; pero además una forma de inmortalizar, intacta, nuestra derrota.

Juan Arabia
23 de Junio, 2014. Bragado.

* *

Algunos de estos ensayos fueron publicados en:

La Torre del Virrey (Revista de Estudios Culturales), Ajuntament de L'Eliana,
Universidad Internacional Menéndez Pelayo de Valencia- Valencia, España;

Revista Fábula, Universidad de La Rioja, Departamento de
Filologías Modernas- La Rioja, España;

Buenos Aires Poetry- Buenos Aires, Argentina.

B

BEATNIK

El origen de una palabra o modalidad de «uso» oral, cercana a la experiencia, como *beat down* —que devela al ser como derrotado o abatido, según reclama la historia—, advierte cierta continuidad, abierta al mundo, del cuerpo que rompe con lo cotidiano, desocultando a la muerte: «Era BEAT: estaba vencido, era la raíz y el alma de lo beatífico también».
Kerouac la integra al discurso de los «otros», es decir del mundo, en medio de una charla.
En 1958 Herb Caen, periodista de oficio y depredador de experiencias, deformó la palabra para integrarla al *diccionario norteamericano*, utilitario y racional, de una época y un contexto económico, social y político, que realiza por entregas un léxico próximo a la función y conducta unidimensional.
El *Sputnik*, satélite artificial de la Unión Soviética, lanzado en la época que Jack Kerouac publicaba *On the road*, instituye el cuadro que el taylorismo y el ideal ascético a secas promueve: vestir la piel de una negadora máquina, que provoca a la naturaleza y abstrae del hombre su sensibilidad, negando su experiencia liberadora.
El [derrotado] y [abatido] cuerpo, en pleno auge de la guerra fría, representa entonces todo lo que la sociedad norteamericana desprecia. La cadena de montaje sigue adelante, y hacia 1959 la revista *Life* —como otros tantos moralistas del mercado— dinamiza el efecto del armado de la carrocería: del beat down a la «invasión beatnik», con un enemigo difuso, pero específicamente localizado en el vandalismo, el desenfreno sexual, la violencia, y las drogas.

El control social no sólo pasa por la justicia o jurisdicciones: es una serie de poderes laterales que incluye a las instituciones psicológicas, psiquiátricas, criminológicas, médicas y pedagógicas que se articulan en dos tiempos. Se trata, por un lado, de construir poblaciones en las cuales se insertan individuos —el control es esencialmente una economía del poder de espacio y tiempo— y por otro se trata asimismo de hacer que el poder sea capilar, es decir, que se consagre a modelar a cada individuo y administrar su existencia. Este doble aspecto [gobierno de las poblaciones – gobierno por la individualización] fue particularmente estudiado por Foucault en el caso del funcionamiento de las instituciones de salud y del discurso médico del siglo XIX.

En *Posdata sobre las Sociedades De Control*, Deleuze escribe: «"control" es el nombre que Burroughs propone para designar al nuevo monstruo, y que Foucault reconocía como nuestro futuro próximo. Paul Virilio no deja de analizar las formas ultrarrápidas de control al aire libre, que reemplazan a las viejas disciplinas que operan en la duración de un sistema cerrado. No se trata de invocar las producciones farmacéuticas extraordinarias, las formaciones nucleares, las manipulaciones genéticas, aunque estén destinadas a intervenir en el nuevo proceso. No se trata de preguntar cuál régimen es más duro, o más tolerable, ya que en cada uno de ellos se enfrentan las liberaciones y las servidumbres». En el «coro 36°», del libro *México City Blues* de Jack Kerouac, leemos:

.

El Ruiseñor

de S. T. Coleridge

Of large extent, hard by a castle huge,
Which the great lord inhabits not
The Nightingale.

Se escribió mucho sobre el «ruiseñor» de Keats, y poco sobre el de Coleridge. O bien Coleridge cosechó otros símbolos: el «*viejo marinero*», el simple «*opio*», la «*flor*».

Pero cada símbolo no es mero artificio de la voluntad de un escritor: a él se le opone todo un sistema, de carácter específico, que a partir de mediaciones —toda verdad es mediata, derivada de alguna otra verdad (Coleridge, 1817)— formó, alteró y modificó el complejo de símbolos y significaciones. La poesía misma es la hija bastarda de un bostezo ajeno.

Uno de los primeros en invalidar las diferentes interpretaciones sobre el *Ruiseñor de Keats* fue Jorge Luis Borges, que llegó a demostrar cómo el mismo F. R. Leavis o Amy Lowell no daban con una interpretación que para el autor resultaba evidente [1].

Borges ejecuta con destreza la misma tarea en *Tlön, Uqbar, Orbis Tertius*, como en muchos otros de sus trabajos. La conjunción fortuita no es más que una relación dialógica, luz hacia adelante y atrás de un texto con otro texto; algo que tempranamente concibió Batjín, y que de alguna manera le permitió a Robert Darnton reconstruir una literatura velada y convertida en una nueva especie (*The Great Cat Massacre, The Kiss of Lamourette*).

En *Memorias de los poetas de los lagos*, De Quincey anota que la adicción de su amigo Coleridge al opio responde a la necesidad del autor de regresar a su espíritu infantil, bárbaro o natural [2].

Raymond Williams, discípulo de Leavis, retoma el mismo tema también abordado por Norbert Elías en tanto al proceso civilizatorio: en *Keywords*, para reconstruir la etimología de «civilización», introduce ciertos comentarios de Coleridge extraídos de *On the Constitution of Church and State*:

> *La distinción permanente y el contraste ocasional entre cultivo y civilización (...). La permanencia de la nación (...) y su carácter progresista y su libertad personal (...) dependen de una civilización continua y progresista. Pero la civilización no es en sí misma más que un bien a medias, si no mucho más una influencia corruptora, el rubor hético de la enfermedad y no la lozanía de la salud, y es más apropiado llamar a una nación así distinguida un pueblo con barniz y no pulido, cuando esa civilización no se funda en el cultivo, el armonioso desarrollo de las cualidades y facultades que caracterizan a nuestra humanidad* [3].

El castillo imaginado o soñado por Coleridge, donde habitan los ruiseñores en solitarios bosques y arboledas, parece alejarse de la influencia corruptora. Al espíritu bárbaro y salvaje que señala De Quincey, se le opone el cultivo, la producción y la dirección de una cultura *gardener* (de jardín); un símbolo que utiliza Bauman para diferenciar el proceso civilizatorio de una cultura silvestre o natural [4]. El contraste en Coleridge se presenta en la distinción ocasional entre cultivo y civilización. Sobre la mente inglesa, considerada por él mismo como aristotélica [5], Coleridge imagina un ruiseñor concreto, individual; imagina ruiseñores concretos. No se trata de un ruiseñor abstracto, o atemporal (como el de Keats), separado del proceso que unifica a naciones.

A mediados del siglo XVIII, en Inglaterra y en otros países europeos, las preparaciones iniciales de la técnica y la civilización habían llegado a su término.

Coleridge escribe *El ruiseñor* en 1798. Las mayores conquistas del barniz no pulido, esto es, la medida del tiempo y la exploración del espacio [6], aún no cubrían toda la tierra:

Of large extent, hard by a castle huge,
Which the great lord inhabits not; and so
This grove is wild with tangling underwood,
And the trim walks are broken up, and grass,
Thin grass and king-cups grow within the paths.
But never elsewhere in one place I knew
So many nightingales; and far and near,
In wood and thicket, over the wide grove,
They answer and provoke each other's song,
With skirmish and capricious passagings,
And murmurs musical and swift jug jug,
And one low piping sound more sweet than all
Stirring the air with such a harmony,
That should you close your eyes, you might almost
Forget it was not day! On moonlight bushes,
Whose dewy leaflets are but half-disclosed,
You may perchance behold them on the twigs,
Their bright, bright eyes, their eyes both bright and full,
Glistening, while many a glow-worm in the shade
Lights up her love-torch.

**

Uno de los últimos trabajos de Robert Darnton, *The Forbideen Best-Sellers of Pre-Revolutionary France*, manifiesta aun más detalladamente lo esbozado en trabajos anteriores. Ya en el más conocido de todos sus libros, *La gran masacre de gatos...*, el autor dejó en claro que no intentó fijar un discurso del método en el área de la interpretación de los significados, también llamada y conocida como ciencia de la hermeneútica.

No es que a Darnton no le interese justificar su trabajo; precisamente confirma una vía subjetiva y humana, con fuerte influencia en la etnografía de Turner y Geertz.

De manera que muchas de las posteriores críticas pierden su objetivo frente a la advertencia de Darnton: tanto las de Giacomo Levi, que expresa la pérdida del sentido de lo relevante (Darnton focaliza los sucesos poco familiares del mundo, aquellos que le parecen superfluos a todo historiador, como una matanza de gatos de la calle *Saint-Séverin*); o del mismo Chartier, que duda de la tesis de Darnton, en el sentido de que la lectura en la Francia prerrevolucionaria no fue un factor determinante para generar un clima de agitación social. En *Police and Poetry* Darnton no teme decir que la historia de la literaria es un artificio, el acuerdo de unos pocos: la verdadera experiencia de la lectura y de la escritura es inalcanzable. Sin embargo y por otro lado, un poeta puede llevar al lenguaje hasta sus límites, pero al llegar a ellos se encontrará con la última frontera del significado. La llanura, como decía Borges, es un terreno que los hombres no pueden explorar o modificar. Esta elegante salida al más impenetrable y cerrado de los estructuralismos, no deja tampoco al subjetivismo expresarse con la validez de un idioma de espacio y tiempo universal: la poesía es incapaz de disolver la muerte, pero puede quitarle su aguijón al menos en momentos de suspensión de la incredulidad.

**

NOTAS

[1] Jorge Luis BORGES, «El ruiseñor de Keats», *Otras Inquisiciones*. Emecé, p. 92.

[2] Thomas DE QUINCEY, «Coleridge», *Memoria de los poetas de los lagos*. Pre-Textos, pp. 56-58.

[3] Raymond WILLIAMS, «Civilización», *Palabras Clave*. Nueva Visión, p. 87.

[4] Zygmunt BAUMAN, *Legisladores e intérpretes: Sobre la modernidad, la postmodernidad y los intelectuales*. Buenos Aires, UNQ, 1997.

[5] «Observa Coleridge que todos los hombres nacen aristotélicos o platónicos. Los últimos sienten que las clases, los órdenes y los géneros son realidades; los primeros, que son generalizaciones; para éstos, el lenguaje no es otra cosa que un aproximativo juego de símbolos; para aquéllos es el mapa del universo». (en Jorge Luis BORGES, «El ruiseñor de Keats», *Otras Inquisiciones*. Emecé, p. 93).

[6] Lewis MUMFORD, *Técnica y Civilización*. Madrid, Alianza, 1997.

EL RUISEÑOR

de

S. T. COLERIDGE

1798

«LAS MAYORES CONQUISTAS DEL BARNIZ NO PULIDO
—la medida del tiempo y la exploración del espacio—
AÚN NO CUBRÍAN TODA LA TIERRA».

—

John Fante

El tópico del crecimiento
en la literatura norteamericana

I

Desde el *sueño americano* hasta su pulverización, un tópico que rodea el centro y el borde de la literatura estadounidense es el de la niñez y el crecimiento. La idealización que comenzó en la declaración de Thomas Jefferson de 1776 (derecho a la vida, derecho a la libertad y a la búsqueda de la felicidad) encontró, bajo los ojos de Emerson y de Whitman, el poema nacional que trasciende en detrimento de las tradiciones.

Las palabras son los signos de los hechos naturales, nos dirá Emerson en *Naturaleza*. Esto significa que, buscando en la raíz del lenguaje, se encontrará la apariencia material que lo constituye: derecho significa recto; equivocado significa torcido; transgresión, el cruce de una línea…

Estos procesos, si bien permanecen ocultos en los lejanos tiempos en que se formó el lenguaje, pueden ser observados diariamente en los niños, que sólo utilizan sustantivos o nombres de cosas, los que convierten en verbos y aplican a semejantes actos mentales.

Un pasaje de Emerson despliega aun mejor las intensas hojas de la arboleda:

En los bosques, también, un hombre puede desprenderse de sus años del mismo modo que una serpiente lo hace con su pellejo; y no importa en qué período de la vida se encuentre, siempre será un niño… Entonces siento que nada puede caerme encima, ni una desgracia, ninguna calamidad que la Naturaleza no pueda reparar. Parado en el suelo desnudo, mi cabeza bañada por el alegre aire, y elevado en el infinito espacio, cualquier ruin egoísmo se desvanece. Me convierto en un ojo transparente, no soy nada, veo todo [1].

La varita hace saltar y bailar como niños a los poetas; se trata de una visión de la confianza en sí mismo, de un nuevo Adán americano. La gnosis de Emerson derriba lo mejor de la cultura heredada, incluso a Shakespeare.
«América es un poema ante nuestros ojos» [2]. Podemos decir que es una tierra virgen, joven, inocente, que necesita romper con el pretérito para volver a su naturaleza. Es el *canto a uno mismo*, la apertura de la democracia y de la libertad en Whitman; caída hacia adelante que se realiza sin esfuerzo, caída que fluye en el interior de cada uno en la forma de vida, como señala Harold Bloom [3].

Sin embargo, en los diarios posteriores de Emerson reaparece con frecuencia un pesimismo que se aparta de la idealización inicial: emerge una mirada que evidencia la crueldad que sufren el proletariado urbano y los esclavos negros. La búsqueda entonces no puede realizarse sin esfuerzo, el cuerpo puede ser frágil, el plato puede romperse al caer.
Las aventuras de Tom Sawyer (1876) y *Huckleberry Finn* (1884), escritas por Mark Twain alrededor de cuarenta años después de *Naturaleza* (1836), pueden ser consideradas como un reflejo de la debilidad misma de la niñez, de la irrupción de un borde y un abismo que la rodean. Acá la infancia debe ser protegida de la educación y del crecimiento:

Ahora creo que voy a tener que emigrar al territorio indio antes que los demás, porque la tía Sally dice que me va a adoptar, y que me va a civilizar, y eso es algo que yo no aguanto. Ya pasé por eso antes [4].

También Herman Melville –otra de las principales figuras de la historia de la literatura estadounidense– en *Moby-Dick* (1851) niega el optimismo sobre el que se fundaron los Estados Unidos: advierte sobre los peligros del poder, las divisiones simplistas entre los buenos y los malos, el sacrificio del bien colectivo en pos de la libertad individual.

Si bien hubo que esperar unos años para que la grieta se hiciera visible, el centro ya había perdido gran parte de su fortaleza. Quienes formaron a John Fante, tal como él indica en sus páginas, no sólo percibieron el advenimiento de una realidad que se diferenciaba de la idealización primera, sino que también fueron protagonistas del derrumbe. Hablamos de Scott Fitzgerald, John Dos Passos, Ernest Hemingway, Thomas Wolfe, Theodore Dreiser y John Steinbeck, entre otros. La generación perdida, tal como hoy la conocemos, puede definirse como el símbolo de la experiencia estadounidense posterior a la Primera Guerra Mundial y a los efectos de La Gran Depresión.

Cesare Pavese dice sobre Dos Passos que todos sus libros son representaciones polémicas de la lucha que el autor ve desarrollarse entre trabajo y capital, de la hipocresía retórica capitalista del mundo burgués durante la guerra y después de ella [5]. Esto se trasluce en *Manhattan Transfer*, novela publicada en 1925, donde la mayoría de los personajes terminan en el fracaso.

En la obra de Thomas Wolfe, a través de las experiencias de jóvenes y adolescentes, se narra, más que una serie de fracasos, la incapacidad de los personajes para despojarse de las influencias de las nefastas costumbres estadounidenses. En *No puedes volver a casa* (1940), por ejemplo, la niñez se presenta como un período lejano al que no se puede regresar.

En Hemingway y Fitzgerald, dos de los representantes más considerados de la generación —si bien el segundo resulta más pesimista que el primero— se denuncia el aspecto trágico del sueño norteamericano.

En *Adiós a las armas*, publicado por Hemingway el mismo año del Gran Crack, el protagonista de la narración comprueba que los hombres que lo rodean ya no se limitan a las reglas del juego. En *Tener y no tener* (1937) se describe una sociedad en la que los códigos de honor y los valores solidarios se encuentran dominados por la hipocresía.

El gran Gatsby (1924), de Fitzgerald, muestra que el sueño norteamericano es irrealizable precisamente porque es un sueño [6]. Gatsby se enriquece con el comercio ilegal de licor durante el período de la ley seca en los Estados Unidos, pero el desenlace es trágico y el personaje muere.

La vida de Fitzgerald transitó el mismo camino y el final de sus días —anticipado en su obra— cobró el mismo tono de denuncia y desesperanza. En *El crack-up* —firmado hacia 1936— encontraremos un pasaje, si bien demoledor, a la vez dotado de hermosura y sinceridad:

> *Esto es lo que ahora pienso: que el estado natural del adulto consciente es una infelicidad específica. También pienso que en un adulto el deseo de ser de mejor fibra de la que es, «un esfuerzo constante», sólo termina por añadirse a esa infelicidad con el fin de nuestra juventud y esperanzas. Mi propia felicidad, en el pasado, a menudo se acercaba algo así como a un éxtasis que no podía compartir ni siquiera con la persona que más quería, sino que tenía*

que agotarla caminando por tranquilas calles y callejas, y de él sólo
quedaban fragmentos que destilar en los renglones de un libro [...].
No era lo natural sino todo lo contrario –tan artificial como la Era
de la Prosperidad–; y mi experiencia reciente marcha en paralelo con
la ola de desesperación que azotó a la nación cuando se terminó la
Era de la Prosperidad [7].

En Fitzgerald la grieta se desliza y el plato se rompe. La niñez, las esperanzas y la vitalidad se escapan por una abertura que surge de forma natural. Como señala Deleuze en *Porcelana y Volcán,* son dos los elementos o procesos que se dan y que difieren por naturaleza: la grieta que alarga su línea recta, incorporal y silenciosa, en la superficie; y los cuerpos exteriores o los ruidosos empujes internos que la hacen desviarse, profundizarse, y la inscriben en el espesor del cuerpo [8].

Si bien el tópico siguió extendiéndose a lo largo de la historia de la literatura estadounidense (posteriormente, en J. D. Salinger y en la generación *beat,* que propuso la fuga de las hipocresías frustrantes y de la falta de entendimiento y generosidad de la vida adulta norteamericana), cualquier lector que se acerque a la obra de John Fante encontrará algo más que sus vestigios, sobre todo en aquellos libros en los que Arturo Bandini no transitó todavía la adultez.

II

El primer contraste que encontramos –por cierto evidente– entre John Fante y los escritores de la generación perdida que más lo influenciaron es la diferencia generacional. Si bien la distancia no es del todo considerable (Fitzgerald y Dos Passos

[33]

nacieron en 1896, Hemingway en 1899 y Fante en 1909), hay una vitalidad y una experiencia histórica que interfiere entre ellos: la Primera Guerra Mundial, en la que participaron muchos integrantes de la naciente generación. Esto conduce, por cierto, a diferenciar que en el momento de la Gran Depresión Fante era todavía un joven que comenzaba su carrera literaria.

En las primeras obras de Fante encontraremos a un autor que descansa cómodamente frente al antojo y el deseo de su voluntad: todavía parece no existir un límite o un precipicio. Si bien la realidad despliega en sus bordes la prudente jaula del silencio, Fante cierra sus ojos y se deja caer una y otra vez: algo anterior lo mantiene erguido sobre su siniestra senda.

A diferencia de la fuerza exterior e invencible que rodea las esperanzas de la generación perdida, en las primeras novelas de John Fante se hace explícito un sentimiento de superioridad, un mecanismo de existencia basado en el enfrentamiento contra las corrientes aspiraciones y valoraciones del mundo. Sobre todo en *Camino de Los Ángeles, Espera a la primavera, Bandini* y *Pregúntale al polvo*, en donde su álter ego es todavía un joven muchacho:

Los he visto salir haciendo eses de sus palacios de cine, entornar sus ojos vacíos ante la realidad de todos los días, volver a casa tambaleándose por leer el Times, para saber qué pasa en el mundo. He vomitado al leer su prensa, he leído sus libros, observado sus costumbres, comido su comida, deseado a sus mujeres, abierto la boca ante el arte que producen. Pero soy pobre, mi apellido termina en vocal, me odian a mí y a mi padre, y al padre de mi padre, y si por ellos fuera, me sacarían la sangre, me sacrificarían, pero ya son viejos, agonizan al sol y en el polvo tórrido del camino, y yo soy joven y estoy lleno de esperanzas y de amor por mi patria y mi época [9].

———

¡Un material estupendo! ¡Soberbio! En la vida había leído nada igual [...]. ¡Vamos! ¿Quién quiere pelear conmigo? Lucharé con todos los cretinos que hay en esta sala. Puedo darle una paliza al mundo entero. Era una sensación como ninguna otra en la tierra. Yo era un fantasma. Flotaba, me elevaba, reía y flotaba. Era demasiado. ¿Quién lo habría imaginado? Que yo fuera capaz de escribir así… ¡Dios mío! [10] .

———

—Dame un cigarrillo —dije—, negrito.
Le dio de lleno. Ah, y cómo le dolió el pepinazo [...].
—La verdad es que no eres un negrito —dije—. Eres un maldito filipino, que es peor [...]. Un filipino amarillo. ¡Un maldito extranjero oriental! ¿No te resulta inquietante tener blancos cerca? [...] Tú eres filipino. Los filipinos no os mareáis porque estáis acostumbrados a esta guarrería. Yo soy escritor, hombre. Un escritor americano, no un escritor filipino. Yo no nací en las Filipinas. Nací aquí, en la buena tierra americana, al pie de las barras y las estrellas [11].

Arturo Bandini lee autores difíciles, se diferencia del vulgo, de las personas comunes. Siente esta misma superioridad frente a su familia o sus compañeros de trabajo. Su vida no sucede sino en pos de la rivalidad. Sea contra el régimen burgués y cristiano o contra la institución familiar, a fin de cuentas habrá un único y eterno enfrentamiento: el que mantiene él en contra de sí mismo.

¿Dónde narices vas, Arturo? ¿Por qué por esta calle y no por aquella? ¡Responde, so ladrón! ¿Quién va a darte un trabajo, so tirado,

quién? Pero hay un parque al otro lado del municipio, Arturo. Se llama Banning Park. Hay allí muchos hermosos eucaliptus y verde césped. ¡Qué lugar para leer! Ve allí, Arturo. Lee a Nietzsche. Lee a Schopenhauer. Entra en contacto con los poderosos. ¿Un trabajo? ¡Bah! Siéntate al pie de un eucalipto y lee un libro mientras buscas trabajo [12].

———

Bandini sigue andando, no muy alto pero sí fornido, orgulloso de su musculatura, apretando los puños para complacerse con la alegría salvaje de los bíceps, estúpido y temerario Bandini, que no teme nada salvo lo desconocido en un mundo de maravillas y misterios. ¿Resucitan los muertos? Los libros dicen que no, la noche grita que sí. Tengo veinte años, he alcanzado la edad de la razón, estoy a punto de meterme por las calles de abajo, en busca de una mujer. ¿Está ya mancillada mi alma? ¿Doy media vuelta? ¿Me vigila algún ángel? ¿Calman mis temores las plegarias de mi madre? ¿Me turban las plegarias de mi madre? [13]

Y es que en la obra de Fante la niñez misma será sólo vestigio, como el atardecer lo es de la noche. El carácter infantil que encontramos en sus páginas alumbra y prologa una luz que, con paciencia, espera ser descubierta. Tal vestidura no es sino la sombra del cambiante rostro del crecimiento, un crecimiento que debe ser postergado, combatido, precisamente desde el empuje interior que logre despojar las asquerosas manos de una cultura corrompida.

III

El poeta es un hombre que conservó sus ojos de niño, decía Léon Daudet. Y conservar supone un proceso en el que intervienen fuerzas internas y externas, naturales y artificiales; no es algo que pueda realizarse sólo dando un salto hacia delante sin esfuerzos. Para resistir hay que perdurar, del mismo modo que sólo perdura lo que es protegido.

Es preciso, por tanto, que partamos de este escenario, vislumbrando el abismo de la grieta para sujetarnos del sórdido altillo de Long Beach en el que John Fante comenzó a trabajar en su primera novela, *Camino de Los Ángeles*.

En esta obra, el autor intentó reflejar su historia de vida, o más bien su corta existencia, ya que Fante contaba con apenas veinticuatro años cuando comenzó a escribirla. En ella encontraremos una eventual muestra, una inmemorable pieza de su juventud.

La idea con la que comenzamos este apartado, el poeta que conserva sus ojos de niño, encuentra en sus páginas un fiel reflejo. Pero Fante fue mucho más lejos; como un chico jugó con semejante idea. Es la figura de un niño la que se oculta –en el principio de *Camino de Los Ángeles*– detrás de la apariencia de un adolescente. Esta idea se comprueba en el instante en que el personaje se convierte, de un momento a otro, en escritor. Como un chico que se deja guiar por sus pasos en el intento de capturar lo novedoso y aventurero de las circunstancias, acaso sin reflexionar sobre sus consecuencias (tira un juguete para levantar otro, empieza un trabajo para dejarlo a medias porque le atrae más otra ocupación), Fante elige su vocación:

Mientras yo comía, Jim hablaba.
—Lees mucho —dijo—. ¿Has probado a escribir alguna vez?
—Ya estaba. En lo sucesivo sería escritor.
—Ya estoy escribiendo un libro.

Quiso saber qué clase de libro.
—Mi prosa no está en venta —dije—. Escribo para la posteridad
[...].
—¿Qué escribes? ¿Cuentos o novelas?
—Las dos cosas. Soy ambidextro.
—Ah. No lo sabía.
Fui al otro extremo del local y compré un lápiz y un cuaderno [14].

Y así ocurrió, sin más. Bandini es ahora un escritor. Luego de tomar algo en Jim´s Place, un bar de los suburbios de Los Ángeles, caminó con rumbo al puerto en busca de argumentos para su nueva profesión:

Me gustaba ir allí [...]. Me ponía soñador y pensaba mucho en lugares lejanos, en el misterio de lo que contenía el fondo del mar, y todos los libros cobraban vida de repente [14].

Al llegar se detuvo en un puente, cerca de un edificio dedicado a la industria pesquera. Humedeció su lápiz y, sobre su cuaderno recién comprado, escribió: «*Interpretación psicológica del estibador de hoy y de ayer*, por Gabriel Arturo Bandini». Pero le resultó un tema difícil. Intentó volver a escribir una y otra vez, hasta que finalmente desistió y cambió de argumento. Supuso que la filosofía le resultaría algo más fácil. Anotó luego en sus papeles: «*Disertación moral y filosófica sobre el hombre y la mujer*, por Gabriel Arturo Bandini». Pero, pasadas las primeras veinte líneas, se cansó, dejando de lado otra vez toda aquella historia.
El inquieto e impaciente personaje decidió, en cambio, bajar del puente y caminar sobre unas rocas que bordeaban la orilla del mar. Iniciaba así un largo recorrido sobre pedruscos

cubiertos de musgo y pequeños charcos, sintiendo ya la extrañeza del subterráneo y frío lugar, hasta que de pronto percibió que algo comenzaba a moverse debajo de sus pies. Las piedras parecían tomar vida o algo parecido. Súbitamente sintió el rápido movimiento de seres que reptaban: miles y miles de cangrejos acechaban el lugar en el que estaba de pie:

A mis pies había un nido de cangrejos aún más pequeño [...]. Lo cogí y lo sostuve mientras pataleaba con desesperación, tratando de picarme. Pero lo tenía bien sujeto y él estaba indefenso. Eché atrás el brazo y arrojé el cangrejo contra una piedra. Reventó produciendo un chasquido [...] [15].

Pero los pequeños no me interesaban, era a los grandes a los que quería destruir. Eran adversarios dignos del gran Bandini, de Arturo el conquistador. En la orilla había un montón de piedras. Me subí las mangas y empecé a tirárselas al cangrejo más grande [...]. Casi le había tirado ya veinte piedras cuando le di. Fue un triunfo [16].

Matarlos a pedradas no le resultaba algo sencillo. Además de la numerosidad de los ejemplares que invadían la orilla y del tiempo que requeriría matarlos a todos manualmente, las afiladas piedras comenzaron a lastimarle poco a poco los dedos.

Arturo decidió entonces retirarse del campo de batalla para ir en busca de armas y municiones. Llegó así hasta un proveedor de buques, donde se vendían armas. Compró una escopeta de aire comprimido y una innumerable cantidad de balines:

Estuve matando cangrejos toda la tarde [...]. Yo era Bandini el dictador,

el Hombre de Hierro de Cangrejilandia [...]. Habían querido derro-
carme, aquellos malditos cangrejos habían tenido el valor de promover
una revolución y me estaba desquitando [...].
Maté más de quinientos y dejé heridos el doble [17].

Si bien sus primeros intentos formales de escritura aparecen
frustrados, el pasaje de este ejercicio a la inmediata aventura
–o juego– se presenta de manera sustitutiva. El inalterable
vínculo que existe entre su imposibilidad de escribir y la invo-
luntaria búsqueda de lo novedoso –que es similar también a la
sensación del juego– conduce al personaje a perderse en un
escenario hasta ese entonces desconocido por él, uno que
necesariamente termina en una forma de diversión infantil.
Sin embargo, tampoco resulta azarosa la misma idea origina-
ria de la palabra escribir. Si bien viene del latín *scribere*,
«grabar en piedra u otro material», también la palabra *write*
del inglés viene de *writanan*, que significa «romper o rayar».
Necesariamente en Fante perdura esta idea, la idea de la
fijación. El tiempo logra contar los pasos que lo separan del
espacio. Lo conservado es aire, vapor, bruma. Transitoria-
mente deja borrosa e indefinida la grieta y la frontera. Se
logra lo imposible: permanecer en la orilla sin caer. Por eso
importa tanto el hecho de matar a aquellos cangrejos como su
resultado, esta idea de grabar en piedra su inmortal legado:

Lo atravesó limpiamente, clavándolo a la roca. ¡Recordarás por los
siglos de los siglos que te he vencido! [18]

Admirado y lleno de auténtica veneración, mandé poner una lápida
donde había caído aquella cautivadora heroína de otra de las inolvida-
bles revoluciones del mundo, que había dado su vida durante los

sangrientos días de junio del gobierno Bandini. Aquel día pasaría a la historia [19].

—

Aquellos cangrejos no me olvidarían durante mucho tiempo. Si escribieran historia me dedicarían un gran espacio en sus crónicas. Puede que incluso me llamaran el Asesino Negro de la Costa del Pacífico. Los cangrejitos oirían hablar de mí a sus mayores y mi nombre infestaría de terror sus recuerdos [...]. Algún día sería leyenda en su mundo [20].

La misma elección de la figura del cangrejo tampoco debe resultarnos para nada casual o imprevista. Además de su aparición en *Camino de Los Ángeles*, encontraremos también una importante referencia a estos crustáceos en *La hermandad de la uva* [21], otra excepcional novela del autor.

Porque, y como lo legitima la historia, en el Antiguo Egipto, el cangrejo era un símbolo de la transformación y del cambio; de la renovación constante de la existencia y del alma. Idea reforzada todavía más por el color rojo del cuerpo de los crustáceos; idea del fuego interior concebida por los alquimistas y que permite la transmutación.

Sin embargo, esta transformación de niño en escritor o de niño en poeta, en la obra de Fante, aún se presenta como una lejana ola que promete engrosarse con la suma de las páginas. Si bien son claras y directas las analogías y los símbolos que emplea, el escritor, planteado como un escritor realista, no puede ni quiere devastar de un plumazo la orilla en la que un niño juega a matar cangrejos.

Y acá hay un punto importante en el autor: trasunta honestidad. Porque Fante, más que diferenciar el mar de su orilla, intenta esclarecer el momento de la irrupción de las olas; lo que ellas, con su brusco movimiento, desencadenan. Por eso, en Fante, la transmutación sucede como lo vivido: el poeta que todavía no es pero que tampoco es un niño; el niño que en su juego condena un acto inmortal; el adulto que a la vez juega y fantasea, inventando para sí historias fantásticas, como la de todo verdadero escritor:

> *Un cangrejo, de brillantes colores y lleno de vida, me recordó a una mujer: sin duda una princesa entre aquellos renegados, una valiente cangreja gravemente herida, pues había perdido una pata, y un brazo le colgaba lastimosamente. Me partió el corazón. Celebramos otra conferencia y decidí que, debido a la extrema urgencia de la situación, no podía haber distinción de sexos. Incluso la princesa tenía que morir [...]. Durante un rato hablé con la princesa en privado, para presentarle formalmente las disculpas del gobierno Bandini y concederle su última voluntad (oír La paloma). Se la silbé con tal sentimiento que acabé llorando. Apunté con la escopeta su bello rostro y apreté el gatillo* [22].

Impresiones como las que acá se presentan no hacen más que abrir una puerta que fue atrancada. Atrancada quizá por el mismo autor, que entretanto tampoco nos dejó ninguna cerradura que la proteja. John Fante más bien favoreció estas formas.

En 1983 y 1985, dos obras inéditas del autor aparecieron póstumamente. La primera de ellas fue objeto del capítulo precedente. En la segunda, titulada 1933 *Was a Bad Year* (acá conocida como *Un año pésimo*), narra también sucesos de su adolescencia. En ella el personaje es simplemente un joven aficionado al béisbol, cuyo único y añorado sueño es convertirse en un gran lanzador. Que sean del lector y del poeta las últimas palabras:

Oh, carretas de la noche allende el lóbrego mar,
aves mudas mueven vuestras ruedas empapadas en sal.
La pesadumbre nubla la tierra
buscando huellas de las ruedas.
Chillan las gaviotas, saltan los peces, sale la luna.
¿Dónde están los niños?
Mi amor está lejos y los niños no están.
Un barco oscuro cruza el horizonte.
¿Qué ha pasado aquí? [23]

**

POSDATA

Existe un testimonio en relación con Jack Kerouac, en donde una entrevistadora le pregunta al autor por su célebre novela *On the road* (1957). Ella esperaba que Kerouac desarrollara una idea, que le contara el origen, cómo surge la construcción del relato. Y el autor, con una mirada en el vacío, y dejando de lado el carácter lúdico y común de su oralidad, simplemente le responde: «Es sólo una historia verdadera».

Esto mismo ocurre con Fante, que de alguna manera anunció y adelantó la estela que persiguieron los *Beatniks*. El escritor escribe sobre lo que sabe, escribe desde su experiencia. De allí que no podamos concebir su estilo literario de otra forma que como una honesta traducción de su entorno y de sus condiciones materiales de existencia. En su literatura centellea cada nivel del hombre y de la sociedad: traducción inmersa en la derrota de los sueños norteamericanos, en la crisis de los años 30 en Estados Unidos, de una generación de escritores que cedieron sus derechos literarios a las empresas cinematográficas para sobrevivir.

Como irónicamente resalta Raymond Williams en su reconstrucción etimológica de la palabra *ficción*: «En rigor de verdad, hoy podemos decir a veces que las *novelitas*, o malas novelas, son pura ficción, en tanto que las novelas (ficción seria) nos hablan de la vida real» [24].

No hay restricciones de ningún tipo en la obra de John Fante. Podemos decir que es un escritor que se dio todo los gustos, a expensas de que el mundo lo pase por arriba.

Siempre utilizó a la literatura como una forma de representar su verdad, sin mediaciones o consideraciones previas.

Uno de sus gestos más valiosos fue dejar hablar por medio de su literatura a su formación obrera ítalo-americana, concibiendo al arte no como algo exclusivo de un sector, que sólo conserva e instituye tradiciones específicas, oficiales.

De esta manera el autor se enfrentó a un mundo que le dio la espalda, o mejor dicho, se enfrentó a una industria que expropió su alma para revivirlo —a través de la disolución, reinterpretación y segmentación de su obra— en el oportuno momento en el que lo transgredido de su trabajo se convirtió en un emergente *activamente residual*, alternativo o de oposición. Editorialmente, hoy se presenta a Fante como un eslabón inicial de una cadena que puede ser entendida, que hoy puede ser digerida, por un público disperso y desatento al momento en el que la obra se produce.

Es en el intento que nace entre el *proyecto y la formación* [25], dos formas que nacen unidas como el hombre y su sombra, que hoy nos comprometemos a recordarlo. También en el intento de presentarlo a quienes aún no lo conocen.

Recomendar o imponer un seguimiento, una visión de sus lecturas, no podrá sino reducir el acontecimiento a lo tangible y lo acordado.

Las obras deben imponerse por sí mismas, como decía Coleridge, pero no está mal también insistir para que el acontecimiento se inscriba y se repita en la historia.
Que sean del lector las últimas palabras:

El cabrón de mi viejo volvía a casa apestando a vino y gritaba apaga la luz, vete a la cama, que te has creído, porque los libros eran una droga, mi adicción era alarmante. Busca trabajo, decía, haz algo útil en la vida (...) Busqué trabajo. Recogí almendras. Fui a la vendimia. Trabajé en los campos (...) Llegaron las lluvias, los campos se inundaron, fue imposible trabajar gracias a Dios, y volví a la cocina, a seguir leyendo libros (...) No se gana un jornal leyendo libros. ¡Vete de aquí! Estamos en guerra. Gánate la vida. Sé un hombre. ¿Sabes lo que es un hombre? Un hombre trabaja. Suda. Cava. Martillea (...) Pero era inútil discutir con aquel macarrón trotacalles (...) ¿Qué sabía él? ¿Qué había leído? (...) Mi viejo. Su ignorancia, la anarquía de vivir bajo su mismo techo, sus sermones, sus amenazas, su avaricia, su pasión por el juego. En navidad sin dinero. Al terminar el bachillerato un traje. Dejamos de hablarnos. Un día nos cruzamos por la calle, al atravesar las vías del tren. Dio unos pasos más, se detuvo y se echó a reír. Me volví. Me señaló con el dedo y rió. Hizo como que leía un libro y siguió riendo. No reía de alegría. Reía de cólera, de frustración y desprecio [26].

**

NOTAS

[1] - Ralph Waldo EMERSON, *Naturaleza*. Palma de Mallorca, Oñaleta, 2007.

[2] - Ralph Waldo EMERSON, *El hombre y el mundo*. Traducción de Pedro Márquez, Buenos Aires, Américalee, 1964, p. 155.

[3] - Harold BLOOM (Ed.), «Emerson: The American Religion», *Emerson's Essays:*

Modern Critical Interpretations. Traducción de Ezequiel Ferriol, Nueva York, Chelsea House, 2006.

[4] - Mark TWAIN, *Las aventuras de Huckleberry Finn*. Traducción de Graciela Montes, Buenos Aires, Colihue, 1997, p. 345.

[5] - Cesare PAVESE, *La literatura norteamericana*. Traducción de Jorge A. C. Binachi, Buenos Aires, Siglo Veinte, 1975, p. 122.

[6] - Walter ALLEN, *El sueño norteamericano a través de su literatura*. Buenos Aires, Pleamar, 1976, p. 19.

[7] - Scott FITZGERALD, *El crack-up*. Traducción de Mariano Antolín Rato, 2a edición, Barcelona, Anagrama, 2003, p. 126.

[8] - Gilles DELEUZE, «Porcelana y volcán», *Lógica del sentido*. Traducción de Miguel Morey, Barcelona, Paidós, 1989, p. 163.

[9] - John FANTE, *Pregúntale al polvo*. op. cit., pp. 61-62.

[1 0] - John FANTE, *Camino de Los Ángeles*. Traducción de Antonio-Prometeo Moya, Anagrama, 2002, p. 157.

[1 1] - Ibídem, pp. 77-78.

[1 2] - John FANTE, *Camino de Los Ángeles*. op. cit., pp. 47-48.

[1 3] - John FANTE, *Pregúntale al polvo*. op. cit., p. 24.

[1 4] - John FANTE, *Camino de Los Ángeles*. op. cit., p. 32.

[1 5] - Ibídem, p. 33.

[1 6] - Ibídem, pp. 36-37.

[1 7] - Ibídem, p. 38.

[1 8] - Ibídem, p. 38.

[1 9] - Ibídem, p. 39.

[2 0] - Ibídem, p. 42.

[2 1]- En esta novela, en cambio, son los cangrejos los agresores.

[2 2]- John FANTE, *Camino de Los Ángeles.* op. cit., pp. 38-39.

[2 3]- John FANTE, *Sueños de Bunker Hill.* op. cit., p. 111.

[2 4]- Raymond WILLIAMS, *Palabras clave. Un vocabulario de la cultura y la sociedad.* Buenos Aires, Nueva Visión, 2000, p. 147.

[2 5]- «Proyecto y formación abordan, no las relaciones entre dos entidades separadas, arte y sociedad, sino procesos que asumen estas diferentes formas materiales en formaciones sociales de tipo creativo o crítico o, por otro lado, las formas reales de las obras artísticas e intelectuales». (en Raymond WILLIAMS, «El futuro de los estudios culturales», *La política de la modernidad.* Traducción de Horacio Pons, Buenos Aires, Manantial, p. 188).

[2 6]- John FANTE, *La hermandad de la uva.* Editorial Anagrama, Barcelona, 2001, pp. 70-80.

«Como un chico que
se deja guiar por sus
pasos en el intento
de capturar lo
novedoso y
aventurero de las
circunstancias, acaso
sin reflexionar sobre
sus consecuencias,
Fante elige su
vocación».

—

Jack Kerouac

La Vanidad de los Duluoz

I

Para la historia de la literatura norteamericana Jack Kerouac es una exclusividad, una excepción; pero también el líder o representante de una época o grupo con determinados valores y caracteres.

Así leemos en la excelente aunque canonizada *Historia de la literatura norteamericana*, de Emory Elliot:

> *Ser «beat» es haber sido derrotado; ser «beat» es ser beatífico, santo (…). Se buscaron las drogas, la locura, experiencias extremas de todo tipo para dislocar la conciencia ordinaria en una conciencia visionaria* [1].

Para una sociología de la lectura, que generalmente se lleva todas las recompensas en materia de crítica literaria, no es muy difícil advertir que nada puede ser analizado sin estudiar las amplias estructuras colectivas que la sostienen.

En muchos casos este tipo de teoría sirvió de mucho: permitió comprender que la naturaleza de las prácticas están determinadas por condiciones generales, específicas, y que una obra particular no puede ser leída o sostenida sin tener en cuenta otras dinámicas más amplias.

Generalmente encuentro lectores que afirman saber quiénes fueron los beatniks, cuáles fueron sus propósitos, sus circunstancias. Pero en el momento que se habla de Kerouac, se sabe poco o nada sobre su obra poética en general, sobre la densidad de cada una de sus novelas, sobre su hermoso *Libro de esbozos*, escrito en su viaje hasta la ciudad de México.

También sucede que se lee más a Allen Ginsberg que a Gregory Corso, que se habla más del jazz y de la «prosa espontánea», que de sus historias particulares o experiencias.

No hace mucho tiempo leí a un crítico, muy serio desde ya, que de alguna manera resume el peligro que intento denotar. Dick Hebdige —principal heredero y representante de la segunda generación de la Escuela de Birmingham— en su famoso ensayo *Subcultura. El significado del estilo*, instituye:

> *¿No es acaso la subcultura beatnik, que por cierto tantas veces se fusionó con el rock, una subcultura que fue desde el principio un universitario de clase media como Kerouac, asfixiado por las ciudades y por su herencia cultural, que quería dejarlo todo para largarse a lugares lejanos?*
>
> *El beat, con sus tejanos y sandalias cuidadosamente destrozados, expresaba una relación mágica con una pobreza que para él era como una esencia divina, un estado de gracias, un santuario* [2].

Gran parte de las ciencias sociales, los estudios culturales y la sociología de la lectura, intenta comprender o esquematizar regularidades culturales. Al hacerlo, olvida qué es lo específico de cada autor, sus propias historias y simbolismos personales. El peligro que se corre es no diferenciar un autor de otro, una novela de otra: más cuando se trata de una literatura verdadera, o como decía Jean-Paul Sartre [3], una literatura que lo es todo, es decir, una época aprehendida por su literatura. Estoy convencido que *Moloch* no es *Urizen*, precisamente porque Ginsberg no es William Blake ni es John Milton, y porque Dios no es un sistema represivo sino una modalidad —específica y localizada— de destrucción.

Es en este último sentido que *La vanidad de los Duluoz*, como todas las obras de Kerouac, merece ser leída de lado a lado.

II

Se trata de una novela en la que Jack Duluoz, álter ego del autor, narra sus primeros años en la universidad de Columbia. A diferencia de Lawrence Ferlinghetti, quien finalizó su carrera, o de Corso, que nunca ingresó en la universidad (pasó gran parte de su turbulenta adolescencia encerrado en una cárcel), Kerouac encontró muy tempranamente frustrada su carrera académica.

Acá nuevamente el «Sueño Norteamericano», un tópico tan repetido en la historia de la literatura estadounidense, es doblegado y destruido. Las becas de la universidad de Columbia no son verdaderas oportunidades para los muchachos pobres de provincia: hay que entrenar a diario y triunfar en el fútbol americano para mantener la beca, leer *La Ilíada* en tres días, lavar por la noche los platos sucios de los muchachos ricos.

Jack entiende todo rápidamente y se marcha: «Lo que estaba haciendo era decirle a todo el mundo que saltara al enorme océano de su propia locura».

Kerouac comienza a escribir cuentos al estilo de Wolfe, trabajando para subsistir como engrasador en un taller mecánico y viviendo en una pensión barata de Hartford.

Porque el salto en Jack nunca se da desde la comodidad, desde la conveniencia o la especulación. En Kerouac persiste la constante necesidad de penetrar en el mundo, de vivirlo intensamente, de abalanzarse dentro del inmóvil e indeterminado azar de las circunstancias.

El salto del autor no se asemeja en nada al salto whitmaniano:

es un salto que inmediatamente el mundo desaprueba, castiga y corrompe.

Sus actos no son idealistas o ingenuos, sino claramente verdaderos y oposicionales; dignos de un sujeto libre, independiente, que se propone enfrentar al mundo desde sus convicciones:

– Jacky, ibas a ser una estrella del fútbol americano y un sabio acerca de lo que fuera en Columbia. ¿Qué te trajo a esta triste habitación con esa triste máquina de escribir, la atormentada almohada, el hambre, esos monos mecánicos llenos de grasa? (…).

– Eso no es importante, Sab (…). No es importante porque te voy a demostrar que sé lo que me hago. Los padres vienen, los padres se van, las universidades vienen, las universidades se van, pero ¿qué puede hacer un alma joven e inquieta contra el muro de lo que llaman realidad? ¿Se creo el cielo de acuerdo con las decisiones de ancianos que chocheaban? (…). Cuando los antepasados dicen que es el momento de dar gracias, y la luz del pavo brilla en el pantano, y el maíz se puede oler, y el humo, ay, Sabby, escríbeme un poema [4].

Se trata, efectivamente, de algo más que el huir de las grandes ciudades para instalarse en lugares lejanos. No existe escenario que logre complementar al autor. En Kerouac persiste la incomodidad de la quietud. La vida es la obra literaria, el poema, la nota musical: necesita del constante cambio, del flujo, de la indeterminación.

De la misma manera, no alcanzará que su situación cambie en el momento en el que consiga un trabajo mejor redituado como periodista en su ciudad natal de Lowell: viajará a Washington, trabajará como cocinero, camarero.

Los exilios y retornos de Lowell, el repetitivo cambio de

circunstancias, la indecisión, su alistamiento y participación en la Marina, el consumo de drogas, confluyen en su experiencia vivida: la transformación del mundo a través de una sensibilidad única, específica.

Pero la transformación del mundo en Kerouac incluye al tiempo, en un aspecto mucho más profundo que el deterioro de un objeto sobre la superficie. Su tarea no fue razonar ni comparar, sino crear.

Queda en los lectores el descubrimiento de la valentía de un autor que logró modificar al mundo a partir de lo que amaba. Nadie mueve una montaña salvo ella misma.

Por eso, que sean del lector y del poeta las últimas palabras:

Empecé a comprender que los intelectuales de las ciudades del mundo estaban divorciados de la sangre de la gente de su tierra y no eran más que unos estúpidos desarraigados, aunque fuera una estupidez permisible, unos estúpidos que, de hecho, no sabían vivir. Empecé a verme de un modo nuevo, como una sombra más verdadera, capaz de ocultar toda aquella basura mental del "existencialismo" y la "modernidad" y la "decadencia burguesa" o cualquiera de los nombres que se le quieran dar [5].

******

POSDATA

Aun reconociendo el carácter discursivo autorreferencial (literario) de muchos escritores de la generación *beatnik*, en ningún momento Hedbige analiza una obra literaria. Es a partir de la aceptación de lo trabajado por un cúmulo de autores

(Goldman, 1974; Mailer, 1968) que promueve su definición estilística/subcultural sobre un movimiento que de ninguna manera puede ser leído sólo como estilo. Es necesario reconocer el carácter contracultural de las obras literarias de Kerouac, Ginsberg, Corso; su verdadero latido emergente y oposicional [6].

******

NOTAS

[1] - Emory ELLIOT, *Historia de la literatura norteamericana.* Madrid, Cátedra, 2001.

[2] - Dick HEBDIGE, *Subcultura. El significado del estilo.* Barcelona, Paidós, 2004.

[3] - Jean-Paul SARTRE, *Marxism & Existentialism (Introduction to Critique of Dialectical Reason).* Londres, 1974.

[4] - Jack KEROUAC, *La vanidad de los Duluoz.* Barcelona, Anagrama, 2003.

[5] - Ibídem.

[6] - Raymond WILLIAMS, *Marxismo y literatura.* Barcelona, Península-Biblos, 1997.

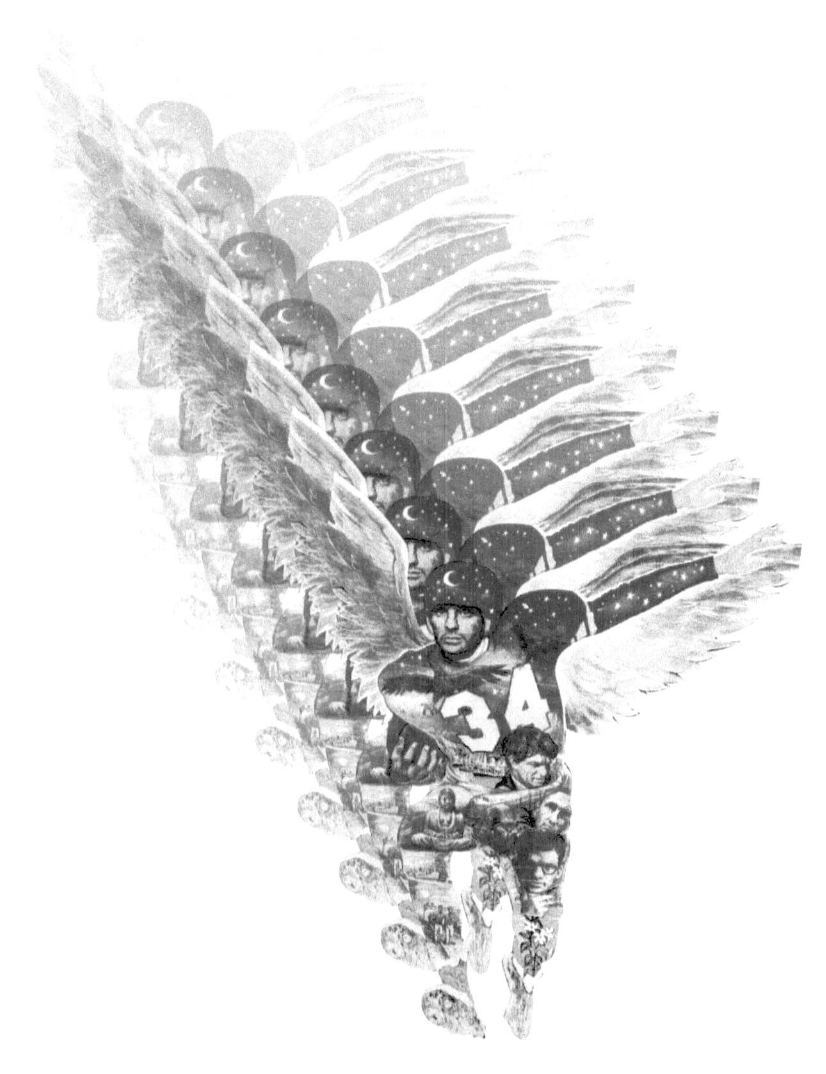

entrenar a diario
triunfar en el fútbol americano
mantener la beca
leer *La Ilíada* en tres días
lavar por la noche los platos sucios
de los muchachos ricos.

« Se trata, efectivamente, de
algo más que el huir de las
grandes ciudades para
instalarse en lugares lejanos.
No existe escenario que
logre complementar al autor.
En Kerouac persiste la
incomodidad de la quietud.
La vida es la obra literaria, el
poema, la nota musical:
necesita del constante
cambio, del flujo, de la
indeterminación ».

—

Jack Kerouac

Rock n' roll y profecía whitmaniana

I

La dinamita que Kerouac interpone entre «ficción» y «realidad» responde, exclusivamente, a un deseo que se halla inscrito a lo largo de la historia de la literatura norteamericana.

Desde Jefferson, Emerson y Whitman, hay una necesidad de renovar, por no decir destruir, toda una herencia de la cultura occidental.

El mecanismo del vértigo comienza con el desplazamiento de las normas culturales: Kerouac abandona Columbia, rechaza los valores dominantes, las convenciones del mundo, lo institucionalizado: «A la mierda los rusos, a la mierda los americanos, a la mierda todos. Voy a vivir haciendo el vago a mi manera, eso es lo que voy a hacer». Opta por acercarse a la realidad, a la sangre de la tierra de su gente. Su condición responde a la camaradería whitmaniana.

Entiende, rápidamente, que la literatura debe ser comprendida por todos: cualquier forma de sensibilidad que no cumpla con tal requisito, por tanto, estará muerta, reseca, atada al exclusivo rodeo de los críticos de arte y profesores universitarios.

Existe un deseo único, específico: Kerouac es un individuo que reprueba tanto al capitalismo como al comunismo. Su experiencia no puede nunca ser doblegada por un sistema anterior o condiciones preliminares. Se asemeja al rechazo social de Dylan Thomas en los años 30, en Inglaterra, en el que la experiencia individual funciona constantemente como un filtro de las representaciones de la *conciencia colectiva* [1]. Pero se asemeja, todavía más, a lo planteado tiempo después en los diarios de Gary, el famoso personaje de Toole: «Siempre he sentido, en cierto modo, una especie de afinidad con la gente de color, porque su situación es igual a la mía: nos hallamos fuera del círculo de la sociedad norteamericana» [2].

En los trabajos de Kerouac existe cierta genealogía, cierta similitud en el sentir con las *experiencias* de los vagabundos, los locos, los marginados, los expulsados, los extranjeros. Pero la simetría aún es mayor con los negros, con la gente de color. Aunque claro, y de la misma forma que Toole, su exilio era completamente voluntario...

II

Me gustaría apuntar que es imprescindible entender no sólo al jazz y su derivaciones, sino al *rock n' roll* mismo —en la coalición de sus orígenes— para recobrar la importancia y el adelanto cultural, ideológico y estético en la obra de Kerouac.

Sabemos, por un lado, que los músicos negros crean entre 1941 y 1945 el *Bop* en los sótanos de New York.

El *Bop*, que surge como una reacción al robo propagado por los blancos (furor del *Swing*, artistas como Benny Goodman), intenta reivindicar la propiedad cultural del pueblo negro frente a todo género. Sin embargo, y como concluye Yonnet, «fracasa en su intento de llevar al jazz al campo de la cultura negra: obtiene ciertamente el favor del público blanco norteamericano, pero ya no atrae al público negro que se aparta del jazz y prefiere una nueva música, el rhythm and blues» [3].

De manera que el escenario que rodea el surgimiento y desenlace de la obra de Kerouac —es en el '48 cuando finaliza su primera novela, *La ciudad y el campo*— se circunscribe al auge del *rock n' roll*, popularizado desde la década del '50 en Norteamérica.

En formas propiamente musicales, las comunidades negras y blancas intercambian, en efecto, contenidos precisos [4]. En el *rock n' roll* hay préstamos tomados del blues, del country western, del boggie y del jazz.

En *Los subterráneos*, por ejemplo, el autor oscilaba entre la patria faulkneriana básica y la tierra abandonada por los huesos de los antiguos indios y los americanos primitivos: «Hunt explica la historia inmigrante de Kerouac, lo deja en suspenso entre dos categorías —no es negro ni americano blanco de clase media— y lo vuelve incapaz de resolver la disonancia entre las retóricas de la época sobre la clase social y la etnicidad (…) y su sentimiento de marginalidad, su sensación de que en última instancia era un extranjero y un intruso» [5].

Mientras Elvis ennegrece, grabando blues de negros, y countrys de blancos; algunos negros del *rock n' roll* blanquean y cantan como Elvis. La analogía no es menor si recordamos, como comprueba la investigación de Yonnet, que hacia el 55´ el *rock n' roll* representaba el 15% de los hits norteamericanos, mientras que en 1957 llega al 61%.

Es un año muy importante 1957: mientras el *rock n' roll* ya representa una práctica de masas, finalmente se publica la obra más importante e influyente de Kerouac: *On the road.*

El éxito de por sí inmediato, podría responder, de hecho, a varias circunstancias.

Sin desmerecer el gesto individual, único y específico del autor, hay que reconocer que efectivamente el jazz (y sus derivaciones) funcionan como una formación para el autor, inherente a sus modos temáticos, a su técnica o estilo.

Sin embargo, el rock n' roll preparó el camino y escenario en materia receptiva de su obra. La *estructura del sentir* [6] de la época, en términos de Williams, sin duda alguna debe contener el amplio alcance que el *rock n' roll* generó –como mezcla de las formas culturales blancas y negras– en el acervo perceptivo de una amplia generación de sus ciudadanos. Debe contener, por decirlo de otra manera, cierta legitimidad, aceptación o entendimiento por parte del público.

III

Joshua Kupetz, en *Kerouac en la carretera*, señala: «Kerouac fue un ávido lector de Whitman y su reivindicación de la moderna prosa narrativa de América refleja la profecía whitmaniana del genio infantil de la expresión poética americana (…). Según Whitman, el nuevo escritor empleaba dialectos oriundos de Estados Unidos, surgidos de lugares que para Whitman eran lechos toscos y rudimentarios, aunque confiesa que sólo de estos orígenes y estos linajes, aquí indígenas, podrían surgir casualmente flores de auténtico aroma americano y frutos que fueran realmente nuestros. Kerouac adopta estos dialectos en el rollo» [7].

De alguna manera, Kerouac y Whitman escribieron para ser entendidos. Se perdieron en la América profunda, se unieron con su tierra, con sus verdades necesarias.

NOTAS

Se trasluce así la necesidad de recuperarlo todo, de aprehender la realidad en forma inmediata, sin consideraciones previas.

En Kerouac la profecía whitmaniana llega a su límite: inclusiones del *joual* (dialecto de la clase obrera francocanadiense), inmediatez y espontaneidad de la descripción, redefiniciones –incluso– de los límites literarios más básicos, como el soporte: rollos, servilletas.

El *epos* –poema narrativo de tradición oral, que supone un desparramiento organizado– se desarrolla como una forma narrativa que fácilmente podría compararse (como a él mismo le gustaba decir) con la improvisación jazzística, que acepta la convención de citar otras melodías dentro de la principal; pero también con el *rock n' roll*, donde la improvisación juega un papel central, y utiliza la escala pentatónica para mitificar lo sistemáticamente desorganizado.

Sin duda existen mediaciones más amplias, estructuras económicas que sostienen formas estéticas y culturales como el *rock n' roll* [8]. Mediaciones que incluyen las articulaciones de poder de lo social y lo cultural, que exploran las condiciones que las envuelven y las forman, como pretende Murdock (1998) al señalar los centros ausentes de la escuela de Birmingham [9].

De manera que, y aun sabiendo que ningún castillo se sostiene con el aire, es válido decir que el *rock n' roll* permitió, o mejor dicho, en cierta forma preparó el terreno alguna vez caminado y soñado por Walt Whitman:

Cuando América haga lo que se prometió,
Cuando a través de estos estados caminen cien millones de personas magníficas,
Cuando el resto se aleje de las personas magníficas y contribuya a ellas,
Cuando los vástagos de las madres más perfectas signifiquen América,
Entonces recibiremos yo y los míos el goce prometido [10].

[1]- Lucien GOLDMANN, *Marxismo y ciencias humanas*. Buenos Aires, Amorrortu, 1975.

[2]- John Kennedy TOOLE, *La conjura de los necios*. Barcelona, Anagrama, 2011, p. 131.

[3]- Paul YONNET, «Rock, pop, punk. Máscaras y vestigios de la población adolescente», en *Juegos, masas y poder*. Barcelona, Gedisa, 1988, p. 117.

[4]- «Chuck Berry compone canciones de himnos al automóvil, al baile, al flirteo. Se puede considerar que este autor expresa el deseo de los negros norteamericanos de participar en la dinámica expansiva de la sociedad blanca americana, la cual les ofrecía a la vez símbolos económicos de los EE.UU. (automóvil), pero también sobre todo durante el tiempo libre, sexualmente aprovechable (...). Por otro lado, y con el liderato Elvis, los jóvenes blancos se apropian de lo que yo llamaré "sexualidad negra", una manera muy expresiva de abordar el tema sexual, manera que rompe con todas las cosas anteriores de la sociedad blanca legítima». (en Paul YONNET, Ibídem, p. 119).

[5]- Penny VLAGOPOULOS, «Reescribir América. Kerouac y el país de los «Monstruos underground», en *Kerouac en la carretera*. Barcelona, Anagrama, 2010, p. 86.

[6]- «Desde una perspectiva metodológica, por tanto, una "estructura de sentimiento" es una hipótesis cultural, realmente derivada de los intentos por comprender tales elementos y sus conexiones en una generación o período, con permanente necesidad de retornar, interactivamente, a tal evidencia». (Raymond WILLIAMS, *Marxismo y literatura*. Barcelona, Península-Biblos, 1997, p. 181).

[7]- Joshua KUPETZ, «La línea recta sólo condice a la muerte: El rollo mecanografiado original y la teoría literaria actual», en *Kerouac en la carretera*. Barcelona, Anagrama, 2010, p. 118.

[8]- Entre 1965 y 1970, la tasa de expansión de la industria fonográfica es ampliamente superior a la tasa de crecimiento industrial en general. Y la música de rock representa el 90% de esta industria.

[9]- Graham MURDOCK, «Comentarios de base: las condiciones de la práctica cultural», en FERGUSON, Marjorie y GOLDING, Peter (eds.): *Economía política y Estudios culturales*. Bosch, Barcelona, 1998.

[10]- Walt WHITMAN, *Hojas de Hierba*. Ediciones Colihue, 2004.

JACK KEROUAC

Es imprescindible entender no sólo al **jazz** y sus derivaciones, sino al **rock n´roll** mismo para recobrar la importancia y el adelanto cultural, ideológico y estético en la obra de Kerouac.

«A la mierda los rusos, a la mierda los americanos, a la mierda todos. Voy a vivir haciendo el vago a mi manera, eso es lo que voy a hacer».

rock n´roll

década de 1940

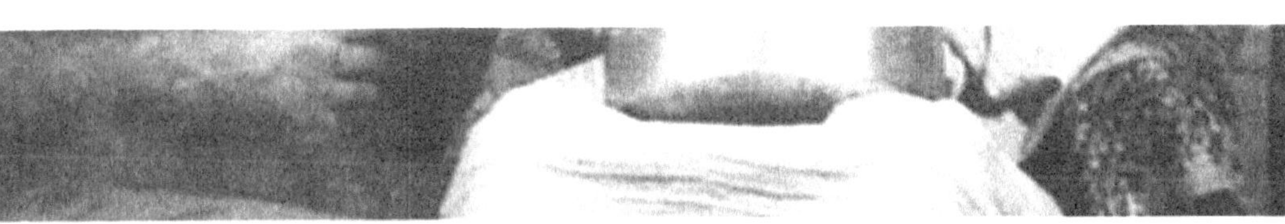

jazz

década de 1920

J. D. Salinger

«La señora gorda»

Walt Whitman, ciertamente, habría enseñado que nadie más que uno mismo podría escribir algo sobre su vida. Chesterton, advirtiendo lo mismo, pero partiendo quizá desde un lugar diferente, proponía que encontrar el tesoro de la isla de Stevenson era adueñarse, simplemente, del corazón mismo de Robert Louis.

Ahora, con Salinger, nos debe suceder algo parecido: porque sabemos, en primer lugar, que ninguna novela que valga la pena puede omitir aquel detalle autobiográfico; y también, porque Jerome David Salinger no puede ser más que Holden, que Buddy, o Franny y Zooey y, aunque nos cueste reconocerlo, aquel personaje tan místico como Cristo: Seymour Glass.

No importarán las fechas ni el orden cronológico de sus trabajos: atenderemos a los fantásticos y puros sentimientos que nos despierta su obra.

Una verdadera sensación de que «todo es una mierda» se evidenciará en cada una de sus páginas. Todos son unos idiotas, y verdaderamente, incluso lo más es insoportable, es ser también de alguna manera como ellos. Alguien es todo el mundo y todo el mundo, además de ser insignificante, es simplemente deprimente. Franny anuncia esto y mucho más, descontando lo ya conocido de una personalidad como la de Holden, o, como la de aquel gracioso personaje que resolverá este tópico de una manera más que elegante:

*Miró hacia la calle, mientras se rascaba la columna vertebral con el pulgar.
—Míralos —dijo—. Imbéciles de porquería.
—¿Quiénes? —dijo Ginnie—.
Qué sé yo. Cualquiera»* [1].

Sin embargo hasta la simpleza de una lectura superficial podrá traspasar aquel vínculo que, de la forma más abrupta, esconderá los más profundos y hermosos sentimientos. Aquel disfraz verdaderamente sincero de Salinger es solamente el comienzo de algo que nos conducirá hacia el único lugar que existe en su obra: el amor. El amor es sufrimiento; el amor es crecimiento; el amor es, entre muchas otras cosas, la anticipación de lo perverso.

Hay perversión en las colonias vacacionales, en los colegios, en las universidades: en fin, en todo aquello donde, de alguna manera, exista un adulto, un control: un precipicio. Ya en *Hapworth 16, 1924*, que no es más que una carta escrita por Seymour a los 7 años, se evidenciará esta trampa a la que todos, no está de más decirlo, fuimos sometidos, por mucho, mucho tiempo [2]. Pero la carta, sobre todas las cosas, no será más que una reivindicación de los valores familiares. La familia y sobre todo, la hermandad en la obra de este escritor, tienen un carácter verdaderamente importante. La relación de admiración y respeto, además de bondad e ingenuidad que se presenta en ese libro entre Seymour y Buddy, no hace más que esclarecerse aún más por el amor que presentará Holden en *The Catcher in the Rye* por su hermana menor, Pheobe, la misma que también en algún momento le preguntará:

—¿*Ves como no hay una sola cosa que te guste?*
—*Sí. Claro que sí.*
—¿*Cuál?*
—*Me gusta Allie, y me gusta hacer lo que estoy haciendo. Hablar aquí contigo, y pensar en cosas* [3].

Pero mientras Phoebe le advertía que sus padres iban a matarlo, ya que a Holden lo habían echado del colegio y todavía no lo sabían, él le confesó lo que verdaderamente le gustaría hacer:

Muchas veces me imagino que hay un montón de niños jugando en un campo de centeno. Miles de niños. Y están solos, quiero decir, no hay nadie mayor vigilándolos. Solo yo. Estoy al borde de un precipicio y mi trabajo consiste en evitar que los niños caigan a él. En cuanto empiezan a correr sin mirar adónde van, yo salgo y los cojo. Eso es lo que me gustaría hacer todo el tiempo. Vigilarlos. Yo sería el guardián entre el centeno. Te parecerá una locura, pero es lo único que de verdad me gustaría hacer [4].

Mas semejante e inolvidable idea, alguna vez también formulada de otra forma por Gilbert Keith Chesterton en *Ortodoxia* [5], ya cobraba vida en Seymour, a los 7 años, que tras la burla de un adulto a su hermano menor Buddy, agradecía a Dios no haber tenido un arma encima. Amenazó luego con matarlo, o incluso quitarse su propia vida, si nuevamente se dirigía de esa manera a un muchacho o a cualquier otro niño de cinco años en su presencia.

Hay visiones en Seymour que destrozan su corazón: y es que la mayoría de los niños en algún momento madurarán y envejecerán. Aquel mundo de corrupción e insinceridad parece inevitable, y los niños, aun los más magníficos, caerán tarde o temprano en este precipicio.

El concepto de tristeza de este muchacho, el mayor de los que más tarde serán siete hermanos (sumados Buddy, Walt y Walter —los gemelos—, Boo Boo, Franny y Zooey) resultará verdaderamente admirable: argumentaba que la mitad del dolor de cada uno de nosotros pertenecía más bien a otras personas que lo habrían esquivado o que no sabían cómo sujetarlo.

Buddy, que de alguna manera se nos presentará como el mismo Salinger en *Seymour: an introduction*, intentará dilucidar si Holden es Seymour. Y aunque proclame que son personajes distintos, Holden será para él una invención de Buddy. Mientras tanto y en la misma ficción, ciertos haikús de Seymour serán confundidos con escritos de él (Buddy) por sus familiares. En definitiva, y, la redundancia es innecesaria, Salinger es cada uno de ellos, y nos contará que Seymour en sus peores noches y tardes profería no sólo gritos de dolor sino de socorro, y que cuando llegaba cierta ayuda, se negaba a decir en lenguaje inteligible dónde le dolía.

Un final triste nos esperará en su obra: en «Un día perfecto para el pez banana», Seymour terminará con su vida.

Aquel joven —que se detenía a mirar venturosamente los árboles mientras conducía, y que también tenía la perturbadora costumbre de investigar los ceniceros llenos con el dedo índice, apartando las colillas hacia los lados esperando ver a Cristo o algo parecido— evidentemente no pudo desprenderse de aquellos ingenuos y a la vez tristes pensamientos. Aun en *Hapworth 16, 1924*, ya proclamaba ante su familia este final, desesperanzado: «Él (refiriéndose a Buddy) será quien guíe hábil y sutilmente a cada hijo de esta familia mucho tiempo después de que yo me vuelva inútil o haya desaparecido».

Aquella tarde en la que murió, jugaría con una niña y buscaría peces bananas en la playa. Aquella tarde en la que desapareció, escribiría en forma de haikú clásico: «La niñita del avión/ que volvió la cabeza de su muñeca/ para que me mirase» [6].
En Salinger el enemigo existe: pero también existe la «Señora Gorda». Aunque conforme una visión inexacta de lo que deseemos, tendremos que ser capaces de ver las cosas como ella las contempla. Amar las cosas por lo que son y no por lo que hubiésemos querido que hayan sido. Enfrentarnos a los hechos. Porque, como advierte de Caussade: «Dios instruye al corazón no mediante ideas, sino mediante penas y contradicciones».
Franny —la hermana menor de Seymour— enloquece y busca la salvación en una oración, sin reconocer, quizá, que no es a San Francisco a quien busca. Aquél a quien necesita dijo algo que la perturbó y la perturbará insistentemente. Dijo que un hombre vale más que un pájaro; y tal sentencia parece inaceptable.
Mientras tanto Holden, encerrado en un psiquiátrico, no entiende cómo alguien le pregunta qué hará, más adelante, cuando retome sus estudios. Es una pregunta estúpida; no sabe qué decir...

Escribir algo recordando a alguien, también, es algo muy estúpido. Salinger no nos quiere recordar. Tengo algo para él: no pude ni podré ser el que escriba esto, ya que soy solamente y en todo caso el que lo leerá primero y nada más. Algo más digno de Buddy, sentado en su escritorio, mientras termina con su tercera copa de vino y se pregunta: ¿Cómo haremos para acercarnos a Seymour, si se quitó su propia vida?
Hay algo mucho más importante: aquello que existe, felizmente, pero que por falta de imaginación nunca encontramos. Muchos hombres lo advirtieron, pero prefiero recordar

sólo a William Blake. Ver las cosas como son, o mejor dicho, ver las cosas de perfil.

«Tenle a Él presente mientras rezas, sólo a Él, y a Él tal y como era y no como a ti te gustaría que hubiera sido» [7].

Ahora Holden recuerda, y nos recomienda no contar nada: conjetura que, al contar cualquier cosa, empezamos a echar de menos a todo el mundo.

Y es que hay que hacer simplemente las cosas por la Señora Gorda; aun aquéllas, las que nos parezcan del todo inútiles. Porque esta mujer, y en su más acertada descripción, no es más que Chesterton los días jueves; aquél que acaricia a un animal dormido; quien escribe un cuento para Esmé (aunque sea con amor y sordidez), y quien escribe una elegía, con mucha alegría. Porque en verdad no hay nadie, en ninguna parte, que no sea la Señora Gorda de Seymour.

******

NOTAS

---

[1]· Jerome David SALINGER, «Hacia una guerra con los esquimales», *Nueve Cuentos*. Buenos Aires, Editorial Sudamericana, 1972, p. 67.

[2]· «Me gustaría que pudieran verlo atravesar la espesura del bosque, cuando los encargados de cuidarnos no están metiéndose en nuestros asuntos, moviéndose con conmovedor sigilo como un magnífico, enérgico mensajero indio».

[3]· Allie, su hermano menor, que era cincuenta veces más inteligente que él —como Holden nos decía— había muerto de leucemia a los trece años.

[4]· Jerome David SALINGER, *El Guardián entre el Centeno*. Buenos Aires, Editorial Edhasa, 2004, p. 225.

[5]· «Imaginémonos que un corro de niños juega sobre la florida cumbre de una isla eminente: mientras haya un muro que cerque la cumbre, pueden entregarse a sus locos juegos y poblar el sitio de rumores. Supongamos ahora que el muro se derrumba, dejando a la vista los precipicios: los niños no caen necesariamente; pero cuando, poco después, venimos a buscarlos, los hallamos amontonados en el vértice de la isla cónica, mudos de horror: ya no se les oye cantar». (en Gilbert Keith CHESTERTON, *Ortodoxia (Obras completas 1)*. Barcelona, Plaza y Janés, 1952.

[6]·Jerome David SALINGER, *Franny & Zooey*. Madrid, Editorial Alianza, 2001, p. 54.

[7]·Ibídem, p. 132.

« HAY ALGO MUCHO MÁS IMPORTANTE:
AQUELLO QUE EXISTE, FELIZMENTE,
PERO QUE POR FALTA DE IMAGINACIÓN
NUNCA ENCONTRAMOS. MUCHOS HOMBRES
LO ADVIRTIERON, PERO PREFIERO
RECORDAR SÓLO A WILLIAM BLAKE.
VER LAS COSAS COMO SON, O MEJOR DICHO,
VER LAS COSAS DE PERFIL ».

PosData

a la Generación *Beat*

I

El origen de una palabra o modalidad de «uso» oral, cercana a la experiencia, como *beat down* —que devela al ser como derrotado o abatido, según reclama la historia—, advierte cierta continuidad, abierta al mundo, del cuerpo que rompe con lo cotidiano, desocultando a la muerte: «Era BEAT: estaba vencido, era la raíz y el alma de lo beatífico también» [1]. Kerouac la integra al discurso de los «otros», es decir del mundo, en medio de una charla.

En 1958 Herb Caen, periodista de oficio y depredador de experiencias, deformó la palabra para integrarla al *diccionario norteamericano*, utilitario y racional, de una época y un contexto económico, social y político, que realiza por entregas un léxico próximo a la función y conducta unidimensional [2].

El Sput*nik,* satélite artificial de la Unión Soviética, lanzado en la época que Jack Kerouac publicaba *On the road*, instituye el cuadro que el taylorismo [3] y el ideal ascético [4] a secas promueve: vestir la piel de una negadora máquina, que provoca a la naturaleza y abstrae del hombre su sensibilidad, negando su experiencia liberadora.

El [derrotado] y [abatido] cuerpo, en pleno auge de la guerra fría, representa entonces todo lo que la sociedad norteamericana desprecia.

La cadena de montaje sigue adelante, y hacia 1959 la revista

Life —como otros tantos moralistas del mercado— dinamiza el efecto del armado de la carrocería: del beat down a la «invasión beat*nik*», con un enemigo difuso, pero específicamente localizado en el vandalismo, el desenfreno sexual, la violencia, y las drogas.

II

La irrupción de un movimiento contracultural, o de *subcultura*, como el de la Generación *Beat*, permite esclarecer cierta discontinuidad respecto a un proceso específico de dominación: el de una sociedad que se circunscribe a una racionalidad instrumental, tecnocrática, sistémica o científica.

La crítica al marxismo ortodoxo o mecanicista que vislumbraba en la base material (económica) el lugar amplio y específico de toda dominación (desde los Estudios Culturales hasta el admirable esfuerzo de Foucault y Deleuze), puso en evidencia cómo las instituciones trabajan y reproducen a nivel cultural, político y social determinadas prácticas, valores o ideas. Se trata, en ese sentido, de cierta autonomía y por tanto de una sobredeterminación en el marco de una racionalidad que a partir de divisiones específicas de disciplina y control del tiempo-espacio moldea y aumenta las fuerzas del cuerpo en términos de utilidad económica, disminuyendo esas mismas fuerzas en términos de obediencia política [5].

Gregory Corso, por ejemplo, al igual que los otros integrantes de la Generación *Beat*, anticipó tempranamente que lo que podría brindarle la sociedad no tenía ningún valor para él, que el esfuerzo, una respetable cualidad humana, era malgastado en un juego que consumía el tiempo, negaba la conciencia, reducía a la univocidad a todo lenguaje, brutalizaba los sentimientos.

En *Pos Data sobre las Sociedades de Control*, un trabajo que actualiza lo trabajado en la obra de Foucault, Deleuze escribe: «"Control" es el nombre que Burroughs propone para designar al nuevo monstruo, y que Foucault reconocía como nuestro futuro próximo» [6].

Para este autor, como Kerouac [7], en las sociedades de control —a diferencia de lo que sucede en las sociedades disciplinarias, en las que se sale de una institución para entrar en otra (de la familia a la escuela, de la escuela a la fábrica...)— nunca se termina nada. Se trata, específicamente, de estados coexistentes de una misma modulación. Cuando Jack Kerouac en *La vanidad de los Duluoz* rememora su experiencia en Columbia, universidad de la que se marchó rápidamente, el «Sueño Norteamericano» es doblegado y destruido [8]. Las becas de la Universidad de Columbia no son verdaderas oportunidades para los muchachos pobres de provincia. Se presenta la misma variable de estados coexistentes: hay que entrenar a diario y triunfar en el fútbol americano para mantener la beca, leer *La Ilíada* en tres días, lavar por la noche los platos sucios de los muchachos ricos. De hecho, el abandono de Columbia es explicitado por Kerouac de una forma clara y lineal: «Lo que estaba haciendo era decirle a todo el mundo que saltara al enorme océano de su propia locura» [9].

Pensar la beca de Columbia de Kerouac en un sentido completamente utilitario y racional, es entrar en una ética particular, aquella tan característica en Bataille, autor que comprende a la literatura como una de las grandes formas del gasto improductivo [10], continuidad hacia la muerte [11] sólo accesible a través del arte, el amor y la literatura.

Esta forma de experiencia en Kerouac, que no oculta el precio que hay que pagar por la carretera «¿Qué sentido tiene vivir cuando la muerte, el desconocido amortajado, nos pisa los talones (...). La carretera es el curso de la vida y la vida es una carretera (...). Al otro lado de la ventana por la que mira el confinado en el aula o en el trabajo, tal vez donde la ciudad termina» [12], rompe con el aislamiento cotidiano. Se trata de un pensamiento libre, soberano, experiencial; alejado de esta forma de un conocimiento servil como el de la universidad de Columbia.

III

La unión de la poesía con la vida genera un claro contraste con la tendencia anterior predominante representada en poetas como Eliot, en donde la «danza del intelecto» —como define Ezra Pound— entre las palabras (el juego de la mente) se encuentra por encima de la manifestación verbal.

La dinamita que la Generación *Beat* interpone entre ficción y realidad responde, exclusivamente, a la necesidad de destruir esta forma de poesía o tradición. De hecho, en la obra poética de Kerouac, Ginsberg y Corso, lo que encontramos es una forma métrica que toma medida a partir de la respiración, como un intervalo que se impone entre la realidad y los poemas.

La irrupción de un idioma que irrumpe contra lo unívoco, cercano a la experiencia, a lo concebido «oralmente», presenta caracteres específicos en la obra de cada uno de los autores. *En el camino* no sólo es una de las obras más excepcionales y referentes de la generación por contenido. Se trata de un cambio, incluso, a nivel de soporte: concebido como un rollo continuo de papel, 125.000 palabras que no conciben un solo punto y aparte; «La carretera es rápida», dice Kerouac, «porque la vida es rápida».

Experiencia inspirada, en buena medida, por el poema *Canción del Camino* de Whitman, irrumpe en su forma literaria (y material) de acuerdo con una vivencia explorada por el mismo autor. El uso, completamente disfuncional de una carretera, termina generando una nueva forma de expresión en la literatura. De hecho, en sus trabajos, incluye el dialecto del *joual* (francés canadiense), en el sentido de reactualización de nuevas temporalidades, de construcción de subjetividades, en la propia experiencia (atemporal) norteamericana.

En ese sentido, Kerouac no se topa con un rollo. Lo tiene que construir. No puede resultar paradójico que en una de sus cartas afirme ir en contra de la forma narrativa de occidente: «Parece que he debido aprender poesía estos ocho meses de trabajo. Mi prosa es diferente, de textura más rica (…). Es necesaria si *En la carretera* ha de ser una novela semejante a la poesía, o más bien un poema narrativo, un *epos* en forma de mosaico» [13].

Que Kerouac utilice la palabra griega epos (por cierto, tan cercana a la necesidad de recuperar una experiencia en su totalidad, es decir de comportamiento amplio, como quería Heidegger; uno de los autores que más trabajo en materia de la crítica al desocultamiento de racionalidad instrumental) es revelador, ya que en inglés se refiere, específicamente, a cualquier poema narrativo de tradición oral.

Esta forma de «desparramiento» poético es presentado en 1953 en sus *Fundamentos de la escritura espontánea*, donde explica su manera de traducir en palabras un segmento de espacio-tiempo y la manera de hacer sentir al lector exactamente lo que él sentía ante una realidad determinada [14].

Si bien *En el camino* permite evidenciar estas formas, el *Libro de esbozos* (Book of Sketches), una reunión de los poemas escritos en sus viajes (incluso en el soporte de servilletas), permite al lector recuperar este encuentro dialógico entre lo escrito y la realidad. Al igual que Kerouac, Ginsberg intenta escribir desde su corazón, a partir de su experiencia, sin mediaciones métricas, sin que en sus palabras interfieran abstracciones. Se podría decir que persigue la estela whitmaniana (un *Supermercado en California* comprueba el proyecto y la formación que recibe de este poeta). Sin embargo, a diferencia del autor de *Hojas de Hierba*, y desde el «sueño norteamericano» ya derribado por la *Generación Perdida* (Hemingway, Fitzgerald), sus poemas se escriben y cantan (el componente oral de su modo de recitar, violento y libre, fue determinante en su reconocimiento) en contra de la sociedad deshumanizante.

Aullido es un poema largo, que a partir de imágenes rápidas y centelleantes describe las injusticias de la sociedad norteamericana, desmitifica lo promovido por ella, desenmascara la felicidad oficial que circula en los medios masivos de la comunicación. Se inscribe en lo que Ginsberg mismo llamó «acontecimiento oral», basándose en el mismo discurso popular contra el que Eliot había advertido. Sus versos, medidos por las longitudes de las respiraciones del autor, encarna la presencia corporal: Ginsberg había dado voz a zonas —y, por tanto, las había abierto— ocultas o negadas por el decoro de la obra aceptada. «*Aullido* describe una dolorosa inmersión en la vida urbana moderna que tortura al sufriente hasta hacerle llegar a la visión trascendental; transforma la derrota en experiencia sagrada» [15].

«Moloch», poema incluido en *Aullido*, permite evidenciar el carácter específico y experiencial que recorre un símbolo a partir de diferentes temporalidades. Actuando como la alegoría en los textos bíblicos o en la obra de Milton, en Ginsberg el símbolo se emplea para describir y denunciar una sociedad industrial próxima al taylorismo tardío.

La narrativa de Burroughs es completamente experiencial, ligada específicamente a las experiencias con las drogas y los viajes (*Yonqui, El almuerzo desnudo, La máquina suave*).

Sus trabajos narrativos tienen una naturaleza política que va más allá de la mera sátira o parodia, no se contenta con burlarse del mundo. Burroughs quiere denunciar el mecanismo mismo que crea el mal, «el virus», profundamente arraigado en la naturaleza y el deseo humano y que se revela en el lenguaje. El discurso literario y las palabras, para el autor, son enemigos biológicos del hombre, fundamentalmente porque son elementos de representación de los seres humanos y de su lugar en la historia. Después de sus primeros trabajos, en *El almuerzo desnudo* comienza —al igual que Kerouac y Ginsberg— a experimentar para destruir las formas clásicas. Técnicas como el cut-up, consistente en recortes y collages narrativos, parecen de esta forma revolver al lenguaje para lograr evidenciar, en la mezcla, su contenido parásito o viral.

Es un trabajo que anticipa lo tardíamente desarrollado por Gilles Deleuze, pero contemporáneo también de Michel Foucault. Comparte con este último no sólo el estudio y el interés por las sociedades disciplinarias y de control: comparte con él áreas de estudio de la biopolítica (poder sobre la vida), arraigado en no solamente en campos disciplinarios como la educación y el trabajo, sino específicamente en el área de la salud y la psiquiatría.

«Reunión del Congreso Internacional de Psiquiatría Tecnológica», incluido en *El almuerzo desnudo*, es un claro ejemplo de los mecanismos de implante tecnológico, donde el biopoder controla y explota específicas técnicas para someter a los cuerpos y controlar a la población.

**

POSDATA

Si bien nuevos giros de la crítica, como los estudios culturalistas, comenzaron a centrar su atención en la subjetividad de los agentes —sus formas de generar sentido, de resistir a lo culturalmente establecido, distanciándose de un objetivismo históricamente atemporal— no por eso privilegiaron las formas específicas de surgimiento de nuevas formaciones o experiencias. La segunda generación de los estudios culturalistas, Dick Hebdige —principal heredero y representante de la segunda generación de la Escuela de Birmingham— en su famoso ensayo *Subcultura. El significado del estilo*, instituye: «El beat, con sus tejanos y sandalias cuidadosamente destrozados, expresaba una relación mágica con una pobreza que para él era como una esencia divina, un estado de gracias, un santuario».

Para una sociología de la lectura, que generalmente se lleva todas las recompensas en materia de crítica literaria, no es muy difícil advertir que nada puede ser analizado sin estudiar las amplias estructuras colectivas que la sostienen. En muchos casos, este tipo de teoría sirvió de mucho: permite comprender que la naturaleza de las prácticas están determinadas por condiciones generales, específicas, y que una obra particular no puede ser leída o sostenida sin tener en cuenta otras dinámicas más amplias.

Estos estudios, por otro lado, generalmente afirman saber quiénes fueron los *Beatniks*, cuáles fueron sus propósitos, sus circunstancias. Gran parte de las ciencias sociales, los estudios culturales y de la sociología de la lectura, intentan comprender o esquematizar regularidades culturales. Al hacerlo, olvidan qué es lo específico de cada autor, sus verdaderas *experiencias* y simbolismos personales. El peligro que se corre es no diferenciar un autor de otro, una novela de otra: más cuando se trata de una literatura verdadera, una literatura que lo es todo, es decir, una época aprehendida por su literatura.

**

NOTAS

[1] - Jack KEROUAC, *En el camino*. Barcelona. Anagrama, p. 233.

[2] - Herbert MARCUSE, *El hombre unidimensional*. Buenos Aires, Planeta-Agostini.

[3] - Benjamin CORIAT, *El taller y el cronómetro*. Ed. Siglo XXI 13ed., 2003.

[4] - Max WEBER, «La Ética Protestante y el Espíritu del Capitalismo», *Filosofía de la Historia*. México, Ed. Fondo de Cultura Económica, 1994.

[5] - Michel FOUCAULT, «Los cuerpos dóciles», en *Vigilar y Castigar*. Ed. Siglo XXI, p. 160.

[6] - Gilles DELEUZE, «Posdata sobre las sociedades de control», *El lenguaje literario*. T° 2, Montevideo, Ed. Nordan,1991.

[7] - En el «Coro 36°» del libro *México City Blues*, Kerouac escribe: «Ninguna dirección / Ninguna dirección donde ir / Burroughs dice que es una nave de espacio-tiempo».

[8] - Walter ALLEN, *El sueño norteamericano a través de su literatura*. Buenos Aires, Pleamar, 1976, p. 19.

[9] - Jack KEROUAC, *La vanidad de los Duluoz*. Barcelona, Anagrama, 2003.

[10] - Georges BATAILLE, «La noción de gasto», en *La parte maldita*. Barcelona, Editorial Icaria, 1987.

[11] - En el «Coro 103°» del libro *México City Blues*, Kerouac escribe: «Apresurándose hacia su destino que es la Muerte / Aunque él no lo sabe. / Por eso dicen Salud, / una botella, un vaso, un trago, / Una copa de Coraje».

[12] - Howard CUNELL, «Esta vez de prisa. Jack Kerouac y la redacción de *En la Carretera*». *Kerouac en la Carretera*. Barcelona, Anagrama, 2010, p. 37.

Blame these 4 men for the Beatnik horror

THEIR CULT OF DESPAIR IS DRIVING THE TEENAGERS TO VIOLENCE

THE outbreak of beatnik violence that wrecked Lord Montagu's jazz festival at Beaulieu last week must be blamed on the cult of despair preached by four strange men.

The four beatnik 'prophets' do not themselves preach violence. But they do infect their followers with indifference or outright hostility to established codes of conduct.

Nothing matters to the beatnik save the 'kicks' or thrills to be relaxed by showing off inhibitions. If you feel evil sign no matter how outrageous, indulge a it. If the beat of jazz whips up violent emotions, why not give way to them?

● Britain has been shocked by Peter Forbes's report on the great unwashed army of beatniks.

● Today he names the men whose rantings have mesmerised a large and impressionable section of young people throughout the world ... men who have nothing to offer but despair.

CORSO the crank poet

● *The only way to enter a modern city, he wrote, is "very tentatively with two suitcases filled with despair."*

An ex-seaman who became a talented writer, he prefers to devote his talents to exalting the bums and jazz maniacs of the New York jive cellars.

KEROUAC the hobos' prophet

'Corrupt'

BURROUGHS the ex-drug addict

He lived for a year in a room in Tangier without taking a bath or removing his clothes.

GINSBERG the hate merchant

At 34 this gifted poet's hate of society and modern life led him to write: "I saw the best minds of my generation destroyed by madness." Now the beatniks worship his philosophy.

NEXT WEEK: The British beatniks in Paris.

Posdata a la Generacion Beat

Juan Arabia

******

BIBLIOGRAFÍA

ALLEN, Walter, *El sueño norteamericano a través de su literatura.* Buenos Aires, Pleamar, 1976.

BATAILLE, Georges, *La parte maldita.* Barcelona, Editorial Icaria, 1987.

BAUMAN, Zygmunt, *Legisladores e intérpretes: Sobre la modernidad, la postmodernidad y los intelectuales.* Buenos Aires, UNQ, 1997.

BURROUGHS, William, *El almuerzo Desnudo.* Barcelona, Anagrama, 1989.

BLOOM, Harold (Ed.), «Emerson: The American Religion», *Emerson's Essays: Modern Critical Interpretations.* Traducción de Ezequiel Ferriol, Nueva York, Chelsea House, 2006.

MUMFORD, Lewis, *Técnica y Civilización.* Alianza, Madrid, 1997.

BORGES, Jorge Luis, «El ruiseñor de Keats», *Otras Inquisiciones.* Emecé.

CHESTERTON, Gilbert Keith, *Ortodoxia (Obras completas I).* Barcelona, Plaza y Janés, 1952.

COLERIDGE, Samuel Taylor, «El ruiseñor», en *La Poesía Inglesa.* Barcelona, Janés, 1958.

CORIAT, Benjamín, *El taller y el cronómetro.* Ed. Siglo XXI 13ed., 2003.

Gregory CORSO, «Sentimientos elegíacos americanos», «El estilo Americano», *Poesía Beat.* Buenos Aires, Colihue, 2006.

CUNNELL, Howard, «Esta vez deprisa. Jack Kerouac y la redacción de En la carretera», *Kerouac en la carretera.* Anagrama, 2010.

DARNTON, Robert, *El beso de Lamourette.-Reflexiones sobre historia cultural.* 1ª ed. Buenos Aires, FCE, 2010.

DARNTON, Robert, *La gran matanza de gatos y otros episodios en la historia de la cultura francesa.* México, FCE, 1984.

ELLIOT, Emory, *Historia de la literatura norteamericana*. Madrid, Cátedra, 2001.

EMERSON, Ralph Waldo, *Naturaleza*. Palma de Mallorca, Oñaleta, 2007.

EMERSON, Ralph Waldo, *El hombre y el mundo*. Traducción de Pedro Márquez, Buenos Aires, Américalee, 1964.

DELEUZE, Gilles, «Porcelana y volcán», *Lógica del sentido*. Traducción de Miguel Morey, Barcelona, Paidós, 1989.

DELEUZE, Gilles, «Posdata sobre las sociedades de control», *El lenguaje literario*. T° 2, Ed. Nordan, Montevideo, 1991.

FANTE, John, *Pregúntale al polvo*. Traducción de Antonio-Prometeo Moya, Anagrama, 2001.

FANTE, John, *Camino de Los Ángeles*. Traducción de Antonio Prometeo Moya, Anagrama, 2001.

FANTE, John, *Sueños de Bunker Hill*. Traducción de Antonio Prometeo Moya, Anagrama, 2002.

FANTE, John, *La hermandad de la uva*. Editorial Anagrama, Barcelona, 2001.

FITZGERALD, Scott, *El crack-up*. Traducción de Mariano Antolín Rato, 2a edición, Barcelona, Anagrama, 2003.

FOUCAULT, Michel, «Los cuerpos dóciles», en *Vigilar y Castigar*. Siglo XXI.

GINSBERG, Allen, «Aullido», «Moloch», «Un supermercado en California», en *Aullido y otros poemas*. Barcelona, Anagrama, 2006.

GINSBERG, Allen, William BURROUGHS, *Las cartas de la ayahuasca*. Barcelona, Anagrama.

GOLDMANN, Lucien, *Marxismo y ciencias humanas*. Buenos Aires, Amorrortu, 1975.

HEBDIGE, Dick, *Subcultura*. Barcelona, Paidós, 2004.

KEROUAC, Jack, *En el camino*. Barcelona, Anagrama, 2004.

KEROUAC, Jack, *La vanidad de los Duluoz*. Barcelona, Anagrama, 2003.

KEROUAC, Jack, «México City Blues», *Poesía Beat*. Buenos Aires, Colihue, 2006.

KEROUAC, Jack, *Libro de Esbozos*. Barcelona, Bruguera, 2008.

MARCUSE, Herbert, *El hombre unidimensional*. Buenos Aires, Planeta-Agostini.

MURDOCK, Graham: «Comentarios de base: las condiciones de la práctica cultural», en FERGUSON, Marjorie y GOLDING, Peter (eds.): *Economía política y Estudios culturales*. Bosch, Barcelona, 1998.

PAVESE, Cesare, *La literatura norteamericana*. Traducción de Jorge A. C. Binachi, Buenos Aires, Siglo Veinte, 1975.

KUPETZ, Joshua, «La línea recta sólo condice a la muerte: El rollo mecanografiado original y la teoría literaria actual», en *Kerouac en la carretera*. Barcelona, Anagrama, 2010.

SALINGER, Jerome David, *El Guardián entre el Centeno*. Buenos Aires, Editorial Edhasa, 2004.

SALINGER, Jerome David, *Franny and Zooey*. Madrid, Editorial Alianza, 2001.

SALINGER, Jerome David, *Nueve Cuentos*. Buenos Aires, Editorial Sudamericana, 1972.

SALINGER, Jerome David, *Seymour: Una introducción*. Buenos Aires, Editorial Edhasa, 1998.

SARTRE, Jean-Paul, *Marxism & Existentialism (Introduction to Critique of Dialectical Reason)*. Londres, 1974.

TOOLE, John Kennedy, *La conjura de los necios*. Barcelona, Anagrama, 2011.

TWAIN, Mark, *Las aventuras de Huckleberry Finn*. Traducción de Graciela Montes, Buenos Aires, Colihue, 1997.

VLAGOPOULOS, Penny, «Reescribir América. Kerouac y el país de los «Monstruos underground», en *Kerouac en la carretera*. Barcelona, Anagrama, 2010.

WEBER, Max, «La Ética Protestante y el Espíritu del Capitalismo», *Filosofía de la Historia*. México, Ed. Fondo de Cultura Económica, 1994.

WHITMAN, Walt, *Hojas de Hierba*. Ediciones Colihue, 2004.

WILLIAMS, Raymond, *Marxismo y literatura*. Barcelona, Península-Biblos, 1997.

WILLIAMS, Raymond, *Palabras Claves: un vocabulario de la cultura y la sociedad*. Buenos Aires, Nueva Visión, 2000.

WILLIAMS, Raymond, «El futuro de los estudios culturales», *La política de la modernidad*. Traducción de Horacio Pons, Buenos Aires, Manantial.

YONNET, Paul, «Rock, pop, punk. Máscaras y vestigios de la población adolescente», en *Juegos, masas y poder*. Barcelona, Gedisa, 1988.

* *

Juan Arabia (Buenos Aires, 1983). Poeta y crítico literario. Estudió Ciencias Sociales en la Universidad de Buenos Aires, donde desempeñó su labor como investigador (UBA-CyT) en el área de escritura de ficción. Actualmente es el director de la revista y editorial *Buenos Aires Poetry* (www.buenosairespoetry.com), donde entrevistó a John Ashbery, Dan Fante y Robert Darnton, entre otros, traduciendo al español también muchos sus trabajos. Colabora en diversas publicaciones, como en la revista de la Universidad de La Rioja, Departamento de Filologías Modernas (España), y en la revista de Estudios Culturales *La Torre del Virrey* (Universidad Internacional Menéndez Pelayo de Valencia); entre otras. A principios del 2011 publicó su primer libro de poesía *Canciones del Gólgota*. La editorial *El fin de la noche* publicó en el 2011 su primer trabajo en materia de crítica literaria: *John Fante. Entre la niebla y el polvo.*

Agosto 2014
Impreso en Buenos Aires,
Buenos Aires Poetry
www.editorialbuenosairespoetry.com

9 789873 354847